한국이 온다

가슴 뛰는
대한민국
희망 로드맵

한국이 온다

초판발행일 | 2017년 2월 15일

지 은 이 | 남상효 · 박성배
펴 낸 이 | 배수현
디 자 인 | 박수정
홍   보 | 배성령
제   작 | 송재호

펴 낸 곳 | 가나북스 www.gnbooks.co.kr
출 판 등 록 | 제393-2009-000012호
전   화 | 031) 408-8811(代)
팩   스 | 031) 501-8811

ISBN 979-11-86562-52-9(03300)

가슴 뛰는
대한민국
희망 로드맵

한국이 온다

남상효 · 박성배 지음

한국인의
시대가 온다

가나북스

| 한국인이 일어나다

2016년 11월, 도널드 트럼프가 힐러리를 물리치고 미국의 제 45대 대통령으로 당선되면서 한국과 세계에 많은 변화를 몰고 오고 있다. 트럼프는 외치고 있다. "우리는 강한 미국을 다시 만들 것이다. 우리는 위대한 미국을 다시 만들 것이다. 우리는 자랑스러운 미국을 다시 만들 것이다. 우리는 안전한 미국을 다시 만들 것이다."

2017년 1월, 〈한국이 온다〉를 마무리할 무렵까지 한국에는 소위 최순실게이트가 터졌다. 박근혜대통령의 리더십이 추락하고 최순실의 국정농단에 분노한 민심과 국민들은 이제 "한국은 어디로 가야 하는가? 한국이 제대로 된 나라가 되려면 어떻게 해야 하는가? 그러면 박근혜대통령 다음의 대통령은 어떤 사람이 되어야 하는가?"에 대한 진지한 고민을 하기 시작했다. 새 시대에 대한 열망을 담아 천만 명의 국민들이 촛불을 들고 거리로 나왔고, 세계가 극찬하는 평화로운 시위를 벌였다.

이 책 〈한국이 온다〉는 오랫동안 한국인에게 희망을 제시하고자 쓰인 책이다. 이 책이 지금 최순실게이트로 분노하며 절망하고 있는 한국인들에게 다시 일어나 걸을 수 있는 희망의 등대와 같은 역할을 했으면 좋겠다. 트럼프의 말처럼, 우리도 같이 외쳐야 하지 않을까 싶다. "우리는 강한 한국을 다시 만들 것이다. 우리는 위대한 통일한국을 만들 것이다. 우리는 자랑스러운 한국을 다시 만들 것이다. 우리는 안전한 대한민국을 다시 만들 것이다." 우리는 다시 할 수 있다. 우리 대한민국이 먼저 강한 통일한국을 이루어야 세계 여러 나라와도 함께 평화롭게 살아 갈 수 있을 것이다.

한국인에게 희망을 제시하고자 쓰인 '희망 로드맵'인 〈한국이 온다〉는 아주 작은 동기에서 시작되었다. 1990년 여름 영국에 살면서 영국인 친구와 여름휴가로 스위스 융프라우를 갔을 때였다. 융프라우에 올라가는 안내 데스크에는 영어와 일본어 소개서만 있었다. "한국말로 된 안내서는 왜 없냐?"고 물어 보았다. 답변은 "한국인은 이곳에 별로 오지 않고, 한국말은 사용하는 사람도 별로 없다."는 내용이었다.

1990년이니까 이글을 마무리하고 있는 2017년 시점으로 27년 전에는 국제무대에서 영어나 일본어를 주로 사용하고 한국말은 별로 시용하지 않았다. 더구나 한국이라는 나라는 세계무대에서 별로 주목 받지 못하는 나라였다. 미국은 모든 분야에서 세계를 이끌어가는 강대국이었고, 일본은 소니(SONY)라는 대표적인 브랜드를 앞세워 아시아를 넘어 세계적으로 잘사는 나라로 앞서가고 있었다.

외국에 나가서 고생을 해보면 태극기만 봐도 눈물이 난다. 세계 여러 나라의 사람들과 생활해 보면서 필자는 나라가 힘이 있어야 해외에서도 국민들이 어깨를 펴고 당당하게 살아갈 수 있다는 것을 몸으로 체험했다. 약한 나라의 한 젊은이로서 필자는 그 때부터 시작해서 줄 곧 "한국이 국제무대에서 미국이나 일본처럼 앞서가는 선진국가가 되려면 어떻게 해야 하는가?"를 고민하면서 한국에 관한 많은 자료를 모으기 시작했고, 다시 대학에서 한국 역사를 연구했고, 한권의 책에다 한국인의 희망을 담아내는 책을 구상하기 시작했다.

'한국이 온다'의 의미는 바로 '한국인들이 세계 역사의 주인공이 되는 때가 온다.'는 의미이다. 이 책은 1990년대부터 약소국의 한 젊은이가 강대한 나라를 꿈꾸며 일평생 기록해간 '희망의 씨앗'이기도 하다. 이 책을 읽는 한국인의 가슴마다 이 작은 희망의 씨앗이 심어지고 자라나서 결국 우리 모두의 꿈인, '강대한 나라 통일코리아'의 그 날이 이루어져 가기를 소망한다.

1980년대 까지 국제무대에서 많이 뒤져있던 한국이 세계무대에 알려지지 시작한 것은 1988년에 한국에서 개최한 서울올림픽 개최 이후부터이다. 1988년 서울 올림픽 이후 한국은 1989년의 여행 자유화와 함께 세계에 알려지기 시작했고 발전하기 시작했다. 필자도 여행자유화가 되던 1989년 필리핀, 싱가폴, 독일, 스위스, 네덜란드, 영국, 헝가리 등에 살면서 넓은 세계 여러 나라를 볼 수 있었다.

한국은 이제 세계 최고의 미래학자로 꼽히는 미국 하와이대학 미래학연구센터 소장 짐데이토 교수가 다음과 같이 말 할 만큼 발전하게 되었다. "한국이 앞으로 미래 세계의 주역이 될 것이다. 지금이 정보화 사회라면 미래는 꿈과 상상력이 지배하는 드림소사이어티(Dream Society)가 도래할 것으로 전망한다." 짐데이토를 비롯한 미래학자들은 한국이 드림소사이어티를 이끌 것이라고 말한다.

한류가 첫 번째 사례로서 한국을 드림소사이어티의 아이콘이 될 것이라고 한다. 한류와 같은 창의 콘텐츠에 바이오와 나노 등 새로운 기술을 접목한다면 창조경제에 한걸음 더 다가설 것이라고 조언한다. 이는 서로 다른 것을 조합해 새로운 것을 창조하는 융합과 맥을 같이 한다. 서로 다른 분야의 사람들이 의견을 나누고 생각을 섞다보면 예상치 못했던 새로운 창의성이 나올 수 있기 때문이다.

타임지 표지에도 "한국인이 몰려온다."라는 글이 실린 적이 있었다. 오천년간 한반도에서 수난의 역사를 이어온 한국인은 이제 비로소 고난을 딛고 일어나 세계 어느 곳에서든지 글로벌코리안으로, 글로벌 세계인으로 뿌리를 내리며 지구촌의 한 가족으로 힘차게 살아가고 있다.

시대마다 역사 속에 쓰임 받은 민족들이 있었다. 포르투갈, 스페인, 네덜란드, 덴마크, 프랑스, 영국, 이탈리아, 독일, 러시아, 미국,

몽골, 터키, 일본, 이스라엘, 스위스, 남아프리카 공화국 등이 그렇다. 그리고 이제는 한국 민족이 세계 역사 속에서 우뚝 설 차례이다.

일찍이 한국인이 세계 속에서 큰 역할과 사명이 있음은 여러 선각자들을 통해서 예고 되어왔다. 함석헌은 일제 강점기에 한국인에게 희망을 주고자 출간한 [뜻으로 본 한국역사]에서 "우리에게도 세계사적 사명이 있다."고 했다. 한국민족이 고난을 딛고 세계 속에서 역할과 사명이 있음을 말했다. 일제시대에 1919년 3.1운동이 실패하고 좌절에 빠진 한국민족에게 아시아인으로는 처음 노벨 문학상을 수상한 타고르는 1920년 동아일보 창간지에 한국인을 격려하며 '동방의 등불 코리아'를 통해서 한국인이 고난을 딛고 일어나 아시아와 세계의 등불이 될 것을 예고했다.

〈한국이 온다〉는 한국인이 다시 가슴 뛰는 삶을 살아가기 위해 제시한 '희망혁명선언서'이다. 2016년에 최순실게이트로 큰 좌절과 상실을 겪은 대한민국 국민들이 이 〈한국이 온다〉를 읽고 2017년 새해부터는 희망찬 발걸음을 다시 시작했으면 좋겠다. 동트기전이

가장 춥지만 찬란한 아침 해가 어둠을 뚫고 떠오르듯이, 한국인이
역사의 주인공이 되는 때는 반드시 오고야 말 것이다.

오천년간 한국인은 동아시아의 반도국가로서 중국과 일본의 틈
바구니에서 많은 외침과 고난을 겪으면서 면면히 역사를 이루어 왔
다. 한마디로 한국인의 역사는 '고난'의 역사였다. 그러나 이제 다시
한국인은 일어나야 한다. 한강의 기적을 이루면서 경제 발전을 이루
면서 도약했던 한국은, 이제 일어나 통일한국을 이루면서 대동강의
기적을 이루어 가는 날이 올 것이다. 이제 한반도의 역사 시계는 한
국인들이 일어나 세계 속에 우뚝서가는 통일코리아의 그 날을 향하
여 더 빠르게 달려가고 있다.

〈한국이 온다〉의 내용을 결정하고 출간하기 까지 오랜 시간동안
수많은 수정 작업을 거쳤다. 1990년 여름 스위스 융플라우에서 첫
희망의 음성인 성경 신명기28:1절의 말씀을 듣고 난후에 오랜 세월
동안 수많은 자료를 구하면서 홀로 고군분투^(孤軍奮鬪)하면서 책을 구상
하였다. 그러던 중 [꿈이 나를 살게 한다]의 베스트셀러 남상효 저자

를 만났다. 남상효 저자와 함께 전체적으로 함께 꿈을 공유하고 쓰면서 이 책이 완성되었다.

제1장의 한국인의 시대를 예고한 사상가들 8인은 오랜 세월동안 자료를 모아 엄선한 분들이다. 한국인의 시대를 예고한 더 많은 사상가들이 있을 것이다. 그 부분은 책을 읽으면서 독자 여러분이 더 찾아 주시기를 바란다.

제2장은 현재의 한국의 현실에 대한 냉철한 진단이다. 최순실게이트로 그 동안 병들었던 대한민국의 민낯이 세계 만방에 부끄럽게 공개되었다. 병원에 가면 먼저 환자를 진단하듯이 제2장은 병든 대한민국에 대한 냉철한 진단이다.

제3장은 세계에 우뚝선 대한민국으로 가기 위해서 세계 16개 국가들에게 배워야 할 점들이다. 필자는 1989년에 처음 외국에 나가보면서 필리핀, 싱가폴, 독일, 영국, 네덜란드, 이탈리아, 스위스, 체코, 우크라이나, 스위스 등 여러나라를 보게 되었다. 특히 영국과 형가리에 살면서 휴가때는 유럽 여러나라를 여행했었다. 그 때에 약소국인 한국이 강대한 나라가 되려면 먼저 강대국이 된 나라들을 알아야 한다고 생각했다. 그리고 이 책에 언급한 16개 국가들을 연구하

기 시작하였다. 세계 역사 속에서 강대한 나라를 만들었던 그들에게
는 분명히 그들만의 요인들이 있음을 우리는 배워야 할 것이다.

제4장은 한국역사 오천년을 만든 역사속 인물들이다. "로마를 만
든 것은 고난이었다"라고 말한 "로마제국 쇠망사"를 쓴 에드워드 기
본(Edward Gibbon)의 말대로 한국인의 오천년의 역사도 고난의 역사였다.
그러나 한국인들은 고난의 역사의 고비 고비마다 어려움을 극복하
면서 오천년의 역사를 이어왔다. 로마의 역사가 살루티우스(Salutius)가
"조상의 영광은 후손의 등불이다"라고 말한대로 여기에 언급한 8인
의 위대한 인물들은 한국인의 시대를 위해서 희망의 씨앗을 심은 위
대한 한국인들이다. 4장의 역사 인물들을 보면서 "책임적 존재"로
살아가야 함을 배운다.

제5장은 글로벌코리안과 한국인의 우수성이다. 고난의 역사를 면
면히 이어왔지만 한국인의 저력은 대단하다. 한국인들은 우수하다.
필자가 이 책을 처음 구상할 당시인 1990년대의 한국은 약소국이었
지만, 지금 전세계에서 글로벌 코리안으로 활동하는 선교사들과 국
제 무대에서 활동하는 자랑스런 720만 해외 동포들이 있다. 5장에
서 기록한 내용은 한국인들이 자긍심을 가져도 될 만한 자랑스런 한

국인의 모습들이다.

마지막 6장은 결론으로 한국인의 희망 로드맵을 8개의 영역으로 제시하였다. 세계에 우뚝선 강대국 통일코리아가 되기위한 로드맵이다. 우리는 할 수 있고, 우리는 다시 일어나 "한강의 기적을 대동강의 기적으로 만들어가는 통일코리아의 새 역사"를 써나가야 한다.

필자 개인에게는 〈한국이 온다〉를 쓰면서 내 삶의 등불이며 세종조 때 충신인 직계 조상 "박신"^(영의정)을 재조명하며, 내 삶의 역사와 뿌리를 돌아볼 수 있는 뜻깊은 시간이기도 하였다. 필자를 사람다운 지식인으로 살라고 사랑의 가르침을 주신 존경하는 조부 박윤래 님과 남다른 교육열과 헌신으로 키워주신 부모님^(박태화 권창희)과 소중한 가족들에게 감사의 마음을 전한다. 함께 한국인의 희망을 쓴 남상효작가의 꿈인 통일대한민국의 문화부장관이 되는 꿈이 꼭 이루어지기를 소망한다. 일일이 이름을 다 언급하지는 못하지만, 이 책의 출간을 위해 기도해주신 모든 지인들에게 감사의 마음을 전한다. 인천공항에서 이 글을 마무리하고 있는 필자의 바램은 인천공항을 통해서 들어오며 나가는 한국인들이 "한국인의 희망 로드맵"인 이 책을 가방에 넣고, 비행기안에서 읽으면서 한국인으로서의 자긍심과 가슴뛰는 희망을 만들어 가는 "통일 코리아의 주역들"이 되었으면 좋겠다.

오랜 세월 동안 한국인의 희망을 위하여 이 글을 쓰도록 영감을 주시고, 출간되어 나오는 이 순간까지, 그리고 앞으로도 계속 대한민국의 미래 역사를 주관하실 하나님께 모든 영광을 드린다.

박 성 배

네가 네 하나님 여호와의 말씀을 삼가 듣고
내가 오늘 네게 명령하는 그의 모든 명령을 지켜 행하면
네 하나님 여호와께서
너를 세계 모든 민족 위에 뛰어나게 하실 것이라

신명기 28:1

PROLOGUE 한국인이 일어나다 ·································· 6

PART 한국인의 시대를 예고한 사람들이 있다 ················· 24
01
1) 타고르 | 코리아는 동방의 등불이다 ··· 25
2) 게오르규 | 코리아는 태평양의 열쇠, 아시아의 보석이다 ··· 28
3) 함석헌 | 우리에게도 세계사적 사명이 있다 ··· 31
4) 안중근 | 동양 평화론으로 세계평화의 모델을 제시하다 ··· 33
5) 자크 아탈리 | 한국은 가장 역동적인 나라이다 ··· 36
6) 짐 데이토 | 한국이 앞으로 미래 세계의 중심이 될 것이다 ··· 38
7) 엘빈 토플러 | 한국은 지식 혁명이 가장 빨리 일어나는 나라이다 ··· 39
8) 피터 드러커 | 한국은 기업가 정신에서 최고의 창조정신을 지닌
                나라이다 ··· 41

PART 현재의 한국을 진단하다 ··································· 48
02
1) 안전 | 기초가 튼실한 안전한 나라를 위한 안전 진단 ··· 50
2) 경제 | 한강의 기적을 대동강의 기적으로 만들어 가기위한 경제 진단 ··· 53
3) 정치 | 무너진 정치 리더십을 다시 세워 가기위한 정치리더십 진단 ··· 56
4) 교육 | 사람을 만드는 인문학 교육으로 가기위한 교육 진단 ··· 58
5) 문화 | 잃어버린 문화적 자존감을 회복하기 위한 문화 진단 ··· 61
6) 가정 | 무너져 가는 가정부터 다시 세워가기 위한 가정진단 ··· 65
7) 저녁 | 가족들이 저녁을 같이하는 삶을 실천해 가기위한 인생 진단 ··· 69
8) 노후 | 불안한 노후를 행복한 노후로 바꾸어 가기위한
           노후 행복 진단 ··· 72

목 차 contents

PART 03 세계의 강대국들에게 배우다 ·· **78**

1) **포르투갈과 스페인** | 끊임없는 도전 정신, 해양시대를 열다 ··· 81

2) **네덜란드와 덴마크** | 척박한 땅에서 세계 최고로,

사상가가 함께 했다 ··· 88

3) **프랑스와 영국** | 혁명의 힘, 혼돈에서 일어서다 ··· 95

4) **스위스와 독일** | 평화의 모델, 통일의 모델 ··· 101

5) **러시아와 미국** | 고도성장과 초강대국의 힘 ··· 107

6) **몽골과 일본** | 칭기즈 칸의 리더십과 메이지유신의 힘 ··· 117

7) **터키와 이스라엘** | 준비된 아타투르크의 힘과 히브리정신의 힘 ··· 125

8) **이탈리아와 남아프리카 공화국** | 연합으로 이룬 통일과

국민통합의 리더십 ··· 129

PART 04 한국인의 시대를 준비한 역사 속 인물들이 있다 ········ **136**

1) **정도전** | 백성이 주인되는 조선을 설계하다 ··· 137

2) **세종** | 창조와 소통의 리더십으로 창조국가를 경영하다 ··· 140

3) **이이** | 학문을 바탕으로 개혁을 실천하다 ··· 144

4) **이순신** | 조선의 위기, 하늘은 이순신을 준비했다 ··· 146

5) **정조** | 개혁과 탕평으로 대통합을 꿈꾸다 ··· 155

6) **정약용** | 독서와 책의 힘으로 실학사상을 집대성하다 ··· 156

7) **유길준** | 최초의 근대화 개혁서 [서유견문록]을 쓰다 ··· 162

8) **김구** | 문화 강국 코리아의 비전을 제시하다 ··· 165

PART 05 한국인의 우수성과 글로벌 코리안들이 있다 ············ **172**

1) 한글은 세계 최고의 과학적 문자 ··· 175

2) 한류원조 | 고난을 딛고 일어난 720만 재외 동포들의 도약 ··· 176

3) 수출과 세계적인 브랜드의 탄생 ··· 179

4) IT 강국 코리아 ··· 180

5) 신 한류 | 스포츠 스타들, 드라마, k-pop, 한식, 태권도 열풍 ··· 181

6) 정치, 예술 등 각 분야에서 두각을 나타내는 글로벌 코리안들 ··· 183

7) 세계 최우수 허브공항으로 자리 잡은 인천국제공항 ··· 184

8) 아리랑은 세계인이 함께 부르는 희망의 노래이다 ··· 185

PART 06 한국인의 시대가 온다 ······························· **190**

1) 가정과 기본이 튼튼한 나라 ··· 192

2) 안전한 나라 대한민국 ··· 197

3) 인문학과 기초과학이 발달한 나라 | 책 읽는 한국인 ··· 201

4) 세계 최강의 문화 선진국 ··· 205

5) 디지털노마드 시대 IT 강국 ··· 209

6) 하나 된 통일 코리아 ··· 212

7) 한국의 세계평화 리더십 ··· 218

8) 대한민국 | 근현대사 새로운 강대국의 출현 ··· 223

EPILOGUE 새로운 강대국! 대한민국의 출현을 꿈꾸다 ············ **226**

목 차 contents

우리에게도 세계사적 사명이 있다.

함석헌의 [뜻으로 본 한국 역사] 中

한국인의 시대를
예고한 사람들이
있다

| 한국인의 시대를 예고한 사람들이 있다

얼마 전 사드배치 논란이 대한민국을 뜨겁게 했다. 이것은 단순히 국가 안보를 위해 방어 무기 체제를 갖추느냐 아니냐의 간단한 문제가 아니다. 동족상잔의 비극이란 상처를 동여매고 민족 화합의 길을 걸어보기도 전에 다시 신 냉전의 시대로 가느냐 마느냐의 기로에 서 있는 현상이다. 나가려는 중국과 가두려는 미국 사이에 있는 한국. 이 G2 사이에서 한국은 외교와 경제 고립의 길을 가느냐 아니면 평화 리더십으로 이들보다도 더욱 강대한 나라로 일어서느냐 하는 기로에 서 있는 것이다.

가까이에 있는 이웃나라 일본은 일찍이 미국이란 나라의 편에 서고, 한 술 더 떠서 군국주의의 망령이 살아나려는 조짐도 보인다. 이런 가운데 대한민국은 요 몇 년간 세월호 사건과 메르스 사태, 최순실 게이트 등 굵직한 사건들로 인해 나라가 떠들썩했다. 정말 다이나믹한 코리아다. 또한 현재 대한민국은 얼마 전 영국의 블랙시트와 같은 급변하는 세계정세와 한류라는 심상치 않은 여러 흐름 속에 놓여있다.

이처럼 한치 앞도 내다 볼 수 없는 대한민국에 대해 여러 선각자들은 이미 오래전부터 예견을 내 놓았다. 평화와 자유를 사랑하는 백의민족인 한국이 세계 역사에 등불의 역할을 하고, 세계 역사에 기여하는 우뚝 선 민족이 될 것이라고 예견한 것이다. 과연 그들이 예견 한 대로 21세기 한국은 영국인의 시대, 미국인의 시대를 넘어 중국에 앞서 지구촌의 주역이 될 것인가. 이를 살펴보기에 앞서 먼저 한국인의 시대가 온다고 예견한 선각자들의 이야기를 들어보고자 한다.

■ 타고르 | 코리아는 동방의 등불이다

아시안 최초로 노벨상을 수상한 인도인 타고르는 한국을 가리켜 동방의 등불이라고 했다. 그때는 1919년 한국이 3.1운동에 실패하고 좌절에 빠져있을 때였다. 한국이 잘 나갈 때가 아니라 한국이 나라를 빼앗긴 가장 위기의 시기에 이런 예견을 한 것이다. 타고르는 1920년 동아일보 창간지에 한국인을 격려하기 위하여 "동방의 등불"코리아를 통해서 한국인이 고난을 딛고 일어나 아시아와 세계의 등불이 될 것이라고 예고했다.

동방의 등불 _타고르

일찍이 아시아의 황금시기에
빛나던 등불의 하나인 코리아
그 등불 다시 한 번 켜지는 날에

너는 동방의 밝은 등불이 되리라

마음에 두려움이 없고

머리는 높이 쳐들린 곳

지식은 자유롭고

좁다란 담벼락으로 세계가 조각조각 갈라지지 않은 곳

진실의 깊은 속에서 말씀이 솟아나는 곳

끊임없는 노력이 완성을 향해 팔을 벌리는 곳

지성의 맑은 흐름이 굳어서 습관의 모래벌판에

길 잃지 않는 곳

무한히 퍼져가는 생각과 행동으로

우리들의 마음이 인도 되는 곳

그러한 자유의 천국으로

나의 마음의 조국 코리아여 깨어나소서!

타고르는 우리 한국 문화의 우수성과 강인하고도 유연한 민족성
을 밝은 빛으로 표현하며 본인의 마음의 조국인 한국이 아시아 황금
시기에 등불과 같은 리더가 된다고 극찬한 것이다. 누가 뭐라고 해
도 현재 미주와 유럽 중심의 시장체제에서 아시아의 황금기가 도래
하고 있는 것을 부인 할 수는 없을 것이다. 어쩌면 지금 우리 대한민
국은 타고르가 예견했던 이 황금 시기에 문화의 우수성과 역동적인
민족성으로 심지에 불을 붙이고 있는 것은 아닐까 한다.

타고르(Rabindranath Tagore)의 생애(1861-1941년)

인도 시인으로 벵골 문예 부흥의 중심이었던 집안 분위기 탓에 일찍부터 시를 썼고 16세에는 첫 시집인 《들꽃》을 냈다. 초기 작품은 유미적이었으나 갈수록 현실적이고 종교적인 색채가 강해졌다. 교육 및 독립 운동에도 힘을 쏟았으며, 시집 《기탄잘리》로 1913년 노벨 문학상을 받았다. 귀국 후 벵골어로 작품을 발표하는 동시에 스스로 작품의 대부분을 영역하였고, 산문·희곡평론 등에도 문재를 발휘하여 인도의 각성을 촉구하였다. 1891년 아버지의 명령으로 농촌의 소유지를 관리하면서 가난한 농민생활과 접촉하게 되어 농촌 개혁에 뜻을 둠과 동시에, 작풍에 현실미를 더하게 되었다. 아내와 딸의 죽음을 겪고 종교적으로 되었으며, 1910년에 출판한 시집 《기탄잘리 Gī tāñ jalī》로 1913년 아시아인으로는 최초로 노벨 문학상을 받아 세계에 알려졌다. 그뒤 세계 각국을 순방하면서 동서 문화의 융합에 힘썼고, 캘커타 근교에 샨티니케탄(평화학당)을 창설하여 교육에 헌신하였으며 벵골분할 반대투쟁 때에는 벵골 스와라지 운동의 이념적 지도자가 되는 등 독립운동에도 힘을 쏟았다. 그가 세운 학당은 1921년에 국제적인 비스바바라티대학으로 발전하였고, 오늘날에는 국립대학이 되었다.

타고르는 한국을 소재로 한 두 편의 시, 《동방의 등불》《패자(敗者)의 노래》를 남겼다. 《패자의 노래》는 최남선(崔南善)의 요청에 의하여 쓴 것이고, 《동방의 등불》은 1929년 타고르가 일본에 들렀을 때, 《동아일보》기자가 한국 방문을 요청하자 이에 응하지 못함을 미안하게 여겨 그 대신 《동아일보》에 기고한 작품이다.

② 게오르규 | 코리아는 태평양의 열쇠, 아시아의 보석이다

우리나라처럼 고난을 받았던 루마니아라는 나라가 있다. 루마니아는 오랫동안 이슬람 제국 하에서 수난을 당했고, 미국과 소련이라는 강대국 사이에서 세계 대전을 겪은 고난의 나라이다. 루마니아의 작가 게오르규는 '25시'라는 소설에서 한국은 아시아의 금고리이며, 빛은 동방의 코리아에서부터 다시 비춘다고 예견했다. 그는 1949년에 '25시'를 간행하여 세계적인 명성을 얻었다. 25시에서 그는 서구 물질문명의 붕괴와 동방에서 빛을 발할 영적 부흥의 도래를 예견했다.

그가 말하는 25시란 서구 물질문명이 초래한 인간성 부재의 상황과 폐허의 시간, 절망의 시간을 의미한다. 이 절망의 시간에서 인간을 구원할 동방은 바로 한국이라고 선언한 것이다. 그는 1974년 3월 이어령 주간의 '문학사상' 초청으로 한국을 방문했을 때, 25시에서 자신이 예견한 동방은 동양의 작은 나라인 한국이 분명하다고 했다.

1974년 내한 1·2차 강연 _이화여대, 대구 계명대 강연

"나는 25시에서 직감적으로 '빛은 동방에서 온다'는 말을 한 일이 있습니다. 빛은 아시아에서 온다고 말했습니다. 그런데 오늘날 25시를 읽은 젊은 사람들은 그 '동방'이 모택동의 중공을 의미하는 줄 생각하는 사람이 많습니다. 그러나 나는 내가 작품 속에서 빛이 온다고 말한 그 동방은 당신네들이 말하는 작은 나라, 바로 한국에 잘 적용되는 말입니다.

이것은 인사치레로 하는 말이 아니며 당신네들의 마음에 들려고 과장해서 하는 말도 아닙니다.

내가 그걸 알 수 있는 것은 빛이신 예수님이 작은 나라에서 태어나신 걸 알기 때문입니다. 팔레스타인의 작은 마을 베들레헴, 지도에 조차 제대로 나오지 않는 보잘 것 없는 작은 마을 베들레헴이라 불리는 그 소촌에서 태어나리라는 것을 안 사람은 아무도 없었습니다. 빛은 결코 뉴욕이나 모스크바나 북경과 같은 큰 도시에서 오지 않습니다. 그리스도의 빛이 무명의 아주 작은 마을에서 온 것처럼 지금 인류의 빛도 작은 곳에서부터 비쳐올 것입니다.

내일의 빛이 당신네 나라인 한국에서 비쳐온다 해서 놀랄 것은 조금도 없습니다. 왜냐하면 당신네들은 수없는 고난을 당해온 민족이며, 그 고통을 번번이 이겨낸 민족이기 때문입니다. 당신들은 고난의 수렁 속에서 강제로 고개를 처박힌 민족이지만 스스로의 힘으로 고개를 쳐든 사람들입니다. 당신네 한국 사람들은 내게 있어서 젊은 시절에 읽은 성서의 '욥'과 같은 존재입니다."

그리고 게오르규는 25시의 절망에서 한국은 인간을 구원할 열쇠라고 말했다. 그의 말에 의하면 지도를 펴놓고 유심히 살펴보면 한국은 열쇠처럼 생겼는데, 한국은 동아시아와 러시아^(유럽)가 시작되는 '태평양의 열쇠'라는 것이다. 그는 세계의 모든 난제들이 '열쇠의 나라' 한국에서 풀릴 것이라고 예견했던 것이다. 그리고 또 한국을 그는 '아시아의 보석'이라고 말했는데 한국은 반도형태로 아시아 대륙의 귀고리라고 했다. 아시아를 아름답게 만들기 위하여, 이 세상을 아름답게 만들기 위하여 신은 그 자리에 한국이라는 귀고리를 달아놓은 것이라고 예견했다. 한국은 보석처럼 정교하게 깎여지고 만들어지고 가꾸어 진 것이라는 것이다.

실제로 우리나라는 수 없는 고난 속에서 일어난 보석과 같은 나라이다. 전쟁의 폐허 속에서 다시는 살아나지 못할 것이라는 비관적인 전망을 비웃으며 58년 만에 한강의 기적을 이루어 냈다. 1950년 해방 무렵, 한국은 파키스탄 제철공장으로 견학가고, 필리핀으로 유학을 떠났다. 이제는 역으로 그들이 한국을 배우러 오고, 일을 하러 온다. 이런 한국을 태평양의 열쇠라고 칭하고, 아시아의 보석이라고 표현한 것에 이의를 달 사람이 어디에 있을까.

■ 게오르규(Constantin Virgil Gheorghiu) 의 생애(1916-1992년)

루마니아의 작가로 라즈베니에서 출생. 부쿠레슈티 · 하이델베르크 대학에서 철학과 신학을 배운 후, 루마니아 외무성 특파 문화 사절의 수행 등을 하는 한편 창작에 주력하여 시집 《설상(雪上의 낙서(落書)》를 발표, 1940년도〈루마니아 왕국 상(賞)〉을 받았다. 제2차 대전 중에 고국을 떠난 후, 그 경험을 모국어로 그린 소설 《1925 La Vingt-cin-quiéme Heure》를 발표(파리에서 간행), 세계적 반향을 일으켰다. 제2차 대전 후는 프랑스에 망명하여 정주(定住)하였다. 작품은, 1925년 [소설] La Vingt-cin-quiéme Heure, 1940년 [시집] 설상의 낙서(雪上의 落書), 1952년 La Seconde Chance, 단독 여행자 등이 있다.

⑧ 함석헌 | 우리에게도 세계사적 사명이 있다

함석헌은 일제 강점기에 이미 "우리에게도 세계사적 사명이 있다."고 한국민족을 향한 희망적인 메시지를 〈뜻으로 본 한국역사〉에서 기록했다. 필자가 함석헌의 〈뜻으로본 한국역사〉를 만난 것은 오래전 청계천 고서점에서였다. 그 당시 〈성서적 입장에서 본〉이라는 제목의 서문 구절이 내게 오히려 거부감 없이 받아 들여졌었다. 〈성서적 입장에서 본〉 이라는 제목의 구절이 크리스찬이 아닌 사람들에게는 걸림이 될 듯하니 빼면 어떨까 하는 생각도 잠깐 들었으나 성서 또한 최고의 역사서이니만큼 그것은 사슴에게서 뿔을 자르는 것 같아서 그대로 받아들이기로 했다.

함석헌은 민족의 역사가 어두운 일제시대에, 일제는 대한민국의 지도를 토끼가 웅크리고 있는 모습이라고 했지만, 함석헌은 대한민국은 대륙을 휘어잡고 포효하는 호랑이의 모습이라고 했다. 함석헌의 〈뜻으로 본 한국역사〉에서 마음에 새겨지는 부분은 '역사가 제시하는 우리의 사명'이다. 그는 앞서 말했듯 우리에게도 세계사적 사명이 있다고 말했는데 지금과 같이 온 세계에 한류 열풍이 불고 있는 때가 아니라 어두운 일제 강점기 시대에 대한민국이 세계를 향해 웅비하는 사명이 있다고 예견한 것이다. 그는 가장 어두운 시대에 가장 큰 희망을 노래한 '희망의 사상가'라해도 과언이 아니다.

함석헌 선생은 3.8선은 신이 우리 민족을 시험하려고 낸 시험문제이고 대한민국이 겪고 있는 이 고난을 통해 장차 세계사적 사명이 준비 되고 있는 것이라고 예견했다. 비록 고난의 역사이지만 그 역사에는 반드시 의미가 있어야 한다는 것이다. 그리고 고난을 통해서 사명을 자각해야 한다고 말한 것이다. 세계사적으로 물론 앞서 루마니아도 언급했지만 고난을 겪은 나라는 무수히 많다. 하지만 이런 고난의 시기를 경험삼아 무역전쟁과 화폐전쟁이 아닌 평화의 리더십으로 세상을 이끄는 나라로 우리나라가 손색이 없다고 생각한다. 유일한 분단국가이며 여전히 휴전중인 나라이기 때문에 더욱 우리나라가 이런 세계사적 사명이 있다고 보는 것이다.

■ 함석헌의 생애(1901-1989년)

　　사학자이며, 도쿄고등사범학교를 졸업하였고, 2002년 건국훈장을, 1987년에는 제1회 인촌상 출판언론부분을 수상하였다. 1985년 민주제도 쟁취 국민운동대회 공동대회장, 1984~1989.02 민주통일국민회의 고문을 지냈다. 지은 책으로는 〈역사와 민족〉, 〈인간혁명〉, 〈죽을 때까지 이 걸음으로〉, 〈시집 수평선너머〉, 〈새 시대의 전망〉, 〈생활철학〉등이 있다. 특히 함석헌의 삼십대 초반(1932-1933)에 〈성서조선〉에 연재한 〈성서적 입장에서 본 조선역사〉를 모태로 쓴 〈뜻으로 본 한국역사〉는 암울했던 일제 강점기에 "한국인들에게도 세계사적인 사명이 있다"고 희망을 준 불후의 명작이다.

④ **안중근** | 세계 평화의 모델을 제시하다

우리에게 익숙한 안중근의사는 1909년 일본의 한·중 침략을 진두지휘하던 이토 히로부미를 중국 흑룡강성 하얼빈역에서 권총으로 사살했다. 의거 직후 일본군에 체포된 그는 법정 심문과정에서 "이번의 거사는 나 개인을 위해 한 것이 아니고 동양평화를 위해 한 것"이라고 말했다. 세계가 주목하는 법정에서 일본 제국주의의 실상을 폭로하고 동양이 참된 평화로 나아가는 길을 열기 위한 평화주의자로서의 신념과 의지를 표현했다.

안중근 의사는 중국의 뤼순 감옥에서 수감생활을 하며 한 권의 책을 집필했는데, 의거 이듬해 순국함에 따라 미완성으로 남은 책의 제목이 바로 '동양평화론'이다. 책에서 안중근의사는 한·중·일 3국을 비롯한 아시아 전체가 평화롭게 공존하며 경제발전을 이룰 비책을 담았는데 이야말로 '한민족 평화 DNA의 결정체'라고 부를 만하다. 안 의사는 '동양평화론'에서 한·중·일 3국이 '상설 평화회의체'를 구성해야 한다고 주장했다. 요즘으로 치면 유럽연합(EU) 같은 국제기구다. 동양평화론의 핵심 내용은 개방과 공동관리, 3국 공동은행의 설립과 공용 화폐 발행, 3국 군단의 편성과 2개 국어 교육을 통한 평화군 양성, 공동 경제발전 등이다.

약육강식과 적자생존의 냉엄한 국제질서 속에서 한·중·일이 서로 다툴 게 아니라 힘을 한데 모아 동양인의 권익을 지켜나가자는 웅대한 구상이었다. 오늘날 동아시아는 일제에 의한 36년간의 한국지

배, 만주침략, 중일전쟁과 동남아 점령 등 굴곡 많은 20세기 전반의 역사를 겪고 치유 되지 못한 수많은 상처를 안고 있다. 치유 되지 못한 상처는 끊이지 않는 역사 분쟁으로 나타나 동아시아 내의 협력을 가로막고 갈등을 부추기고 있다. 이미 100여 년 전에 나왔던 안중근의 '동양평화론'은 그러한 의미에서 중요하며 이런 평화리더십의 중심에 한국이 설 것이라고 예견한 것이다. 이런 동양 평화의 중심에 중국도 아니고, 일본도 아닌 바로 이들의 사이에서 고스란히 고난을 겪은 대한민국이 그 지도자로서의 역할을 하는 것은 어쩌면 숙명인지도 모른다.

▪ 안중근의 생애(1879-1910.3.26)

한말의 독립운동가로 삼흥학교(三興學校)를 세우는 등 인재양성에 힘썼으며, 만주 하얼빈에서 침략의 원흉 이토 히로부미[伊藤博文]를 사살하고 순국했다. 사후 건국훈장 대한민국장이 추서되었다. 할아버지가 미곡상을 하여 집안은 부유했다. 안중근은 어려서부터 한학(漢學)을 배웠으나 성장하면서 무술에 더 열중했다. 말 타기와 사냥에 능했으며 포수들 사이에서도 명사수로 알려졌다. 동학운동이 일어나자 아버지 안태훈이 사병을 조직하여 동학농민군을 진압하는데 가담했으며, 1895년 아버지를 따라 가톨릭교에 입교하여 신식 학문을 접하고 가톨릭 신부에게 프랑스어를 배웠으며, 도마[Thomas, 多默]라는 세례명을 얻었다.

1904년 홀로 평양에 나와 석탄상을 경영하고 이듬해 을사조약(乙

巳條約)이 체결되는 것을 보자 상점을 팔아 1906년 그 돈으로 삼흥학교[三興學校 ; 후에 오학교(五學校)로 개칭]를 세우고, 이어 남포(南浦)의 돈의학교(敦義學校)를 인수하여 인재양성에 힘썼다. 그러나 국운(國運)이 극도로 기울자 합법적인 방법으로는 나라를 바로세울 수 없다고 판단하여, 1907년 연해주(沿海州)로 가서 의병운동에 참가했다.

1909년 동지 11명과 죽음으로써 구국투쟁을 벌일 것을 손가락을 끊어 맹세하고 동의단지회(同義斷指會)를 결성하였다. 그해 10월 침략의 원흉 이토히로부미[伊藤博文]가 러시아 재무상(財務相) 코코프체프와 회담하기 위하여 만주 하얼빈에 온다는 소식을 듣고 그를 처단하기로 결심했다. 1909년 10월 26일 일본인으로 가장, 하얼빈 역에 잠입하여 역 플랫폼에서 러시아군의 군례를 받는 이토를 사살하고 하얼빈총영사 가와카미 도시히코[川上俊彦], 궁내대신 비서관 모리 타이지로[森泰二郎], 만철 이사(滿鐵理事) 다나카 세이타로[田中淸太郞] 등에게 중상을 입히고 현장에서 러시아 경찰에게 체포되었다.

일본 관헌에게 넘겨져 뤼순[旅順]의 일본 감옥에 수감되었고 이듬해 2월 14일, 재판에서 사형이 선고되었으며, 3월 26일 형이 집행되었다. 옥중에서 《동양평화론(東洋平和論)》을 집필하였으며, 서예에도 뛰어나 옥중에서 휘호한 많은 유묵(遺墨)이 보물로 지정되었다. 1962년 건국훈장 대한민국장이 추서되고, 1970년 서울특별시 중구 남대문로 5가 471번지에 기념관이 건립되었다.

5 자크 아탈리 | 한국은 가장 역동적인 나라이다

　현존하는 프랑스 최고의 지성으로 꼽히는 자크 아탈리는 1998년 '21세기 사전'이라는 베스트셀러를 내 놓았다. 그리고 그는 대한민국이 2050년에는 세계 최강국 가운데 하나가 될 것이라고 예견했다. 그는 한국이 로봇, 정보통신, 인터넷 등 세계를 다스리는 미래기술을 가지고 있는 점을 그 근거로 제시 했다.

　특히 지정학적 위치도 큰 역할을 하고 있다고 주장했는데 우리나라는 삼면이 바다로 둘러싸인 반도국가에 해당되고, 반도는 육지에서 바다로 나가는 시발점이자, 바다에서 육지로 이르는 교두보 역할을 하기 때문이라고 했다. 한반도는 대륙으로는 중국, 러시아, 유럽으로 진출 할 수 있고, 바다로는 태평양, 인도양으로 뻗어 나갈 수 있는 동북아의 관문 역할을 하기도 한다. 일본과 중국 등 세계경제의 1/5을 차지하는 지역의 중심에 서있는 한국이 얼마나 중요한 위치에 있는지는 세계 지도를 통해서 잘 드러난다. 서울을 기점으로 캠퍼스를 사용해 원을 그려보면 세계 경제 주요 거점들이 한국에서 1박2일 일정으로 모두 출장이 가능하다. 지도를 거꾸로 놓고 보면 한반도가 대륙의 귀퉁이가 아닌 아시아와 태평양을 향해 뻗어 나가는 전략적 요충지란 것을 쉽게 알 수 있다.

　이런 특성으로 인해 예로부터 우리나라는 반도국가로서의 특성을 골고루 갖게 되었다. 대륙적 기질과 해양적 기질을 함께 갖게 된 것이다. 지정학적으로는 대륙에 붙어있는 고립적인 성격으로 주변 열강의 침략으로 숱한 고초를 겪기도 했지만 반면 문화적으로는 대륙의 선진 문화를 받아 들여 찬란한 문화를 꽃피웠고, 지리적인 특성을 살려 훌륭한 문화를 창조하는 능력을 가진 민족으로 발전한 것이다. 대륙적 환경은 대한민국 민족을 기동성과 강인성을 지닌 민족으로 만들었고, 해양적 조건은 탁월한 감수성과 예술성을 지닌 민족으로 만들었다.

자크 아탈리는 이런 한국의 역동적인 잠재력 때문에 대한민국이 세계 최강국이 될 것이라고 예견한 것이다. 그러나 분단된 현실에서 보면 어쩌면 이런 반도국가의 성격이 아니라 고립된 섬과 같은 형국이다. 섬이 아니라 그 길목을 터서 다시 반도국가의 면모를 갖추는 것이 필요하다.

■ **자크아탈리**(Jacques Attali)**의 생애**(1943년 알제리 출생~)

경제학자(파리소르본느대학교 대학원 경제학박사)이며, 국제빈민구제기구 플래닛 파이낸스회장, 아탈리 아소시에 대표, 프랑스 정부 국정 자문, 1991~1993 유럽부흥개발은행 총재를 역임했다. 저서는 〈자크아탈리, 등대〉, 〈인류는 어떻게 진보하는가〉, 〈21세기 사전〉, 〈언제나 당신이 옳다〉 등이 있다.

6 짐 데이토 | 한국이 미래 세계의 중심이 될 것이다

엘빈 토플러와 함께 세계 최고의 미래학자로 꼽히는 미국 하와이 대학 미래학연구센터 소장 짐데이토 교수는 이렇게 말했다. "한국이 앞으로 미래 세계의 주역이 될 것이다. 지금이 정보화 사회라면 미래는 꿈과 상상력이 지배하는 드림소사이어티가 도래할 것으로 전망한다." 많은 미래학자들은 한국이 드림소사이어티를 이끌 것이라고 말한다.

한류가 첫 번째 사례로서 한국을 드림소사이어티의 아이콘이 된다는 것이다. 한류와 같은 창의 콘텐츠에 바이오와 나노 등 새로운 기술을 접목한다면 창조경제에 한걸음 더 다가설 것이라고 조언한다. 이는 서로 다른 것을 조합해 새로운 것을 창조하는 융합과 맥을 같이 한다. 서로 다른 분야의 사람들이 의견을 나누고 생각을 섞다 보면 예상치 못한 창의성이 나온다. 우리 한국인은 바로 이런 융합 사고력이 탁월하다. 이제 총과 칼로 세상을 정복하는 시대가 아니다. 무역전쟁과 화폐전쟁으로 영토를 넓히는 것도 한계가 있다. 정보화 시대를 넘어 미래에는 바로 이런 문화와 융합 사고력, 즉 창의성이 탁월한 한국이 세계의 중심이 된다고 생각한다.

■ 짐 데이토(Jim Dator | James Allen Dator)의 생애

하와이대학 정치학과 교수이며 세계미래학회 회장이다. 1971년부터 미국 하와이대학교 미래전략센터 소장이다. 세계 최초로 버지니아 테크에서 미래학 강좌를 개설했고, 1970년 하와이 정부의 지원으로 엘빈토플러와 함께 하와이대 미래학연구소를 만들어 지금까지 45년간 소장으로 있다. 저서로는 〈미래사회〉등이 있다.

⑦ 엘빈 토플러 | 한국은 지식 혁명이 가장 빠르게 일어나는 나라이다

엘빈 토플러는 우리나라가 시간혁명과 공간혁명, 지식혁명이 가장 빨리 이뤄지는 나라라고 했다. 2050년에는 세계 교역량의 2/3가 태평양에서 이뤄지는데, 한국은 GDP가 지금보다 배로 늘어나는 2025년에는 아시아에서 주도권을 잡게 되고, 중국과 일본 사이에서 거래 허브의 역할을 할 수 있다고 했다. 우리나라 IT또한 세계적인 수준에 도달했는데, 우리처럼 초고속 인터넷을 장소에 구애받지 않고 사용할 수 있으며, 인터넷 쇼핑에 매년 20%씩 성장하는 나라는 없다고 한다.

지정학적으로 우리나라가 중국, 일본 사이에 있어서 샌드위치처럼 있다고 불평하는 것을 종종 본다. 하지만 필자는 이야 말로 좋은 기회로 작용한다고 확신한다. 이런 강대국들과의 치열한 생존경쟁에서 살아남기 위해 발전에 발전을 거듭했고, 21세기의 중심이자 강자로 점차 발돋움 하고 있다고 본다. 정치와 경제가 정체되어 있지만, 오히려 국민은 이런 시간혁명과 공간혁명, 지식혁명으로 일어나고 있다. 오히려 중국과 일본 사이의 지정학적 위치가 큰 몫을 차지하고 있는 것이다. 무수한 외침도 바로 이런 지정학적 이점 때문에 발생한 것이고, 우리는 그때마다 잘 견뎌냈고 일어났다. 이 고난

극복의 저력을 바탕으로 세계의 중심에 우뚝 서기 위해 한 걸음씩 내딛고 있는 것이다. 만약 정치와 경제 정책 등이 리더십을 갖고 조금만 이 국민을 뒷받침해 준다면 그 시기는 더욱 앞 당겨진다고 예상한다.

■ 엘빈토플러(Alvin Toffler)의 생애(1928.10.3~2016.6.27)

1928년 뉴욕에서 출생, 미국 코넬대학교 초빙교수이다. 토플러협회를 설립했다. 1949년 뉴욕대학교를 졸업한 뒤 중서부 공업지대에서 용접공으로 일하면서 노동조합관련 잡지에 글을 기고하여 문필가로서 두각을 나타내기 시작하면서 저널리스트가 되었다. 처음에는 백악관담당 정치·노동 문제 기자로 일했으나 차츰 비즈니스 분야로 활동의 터전을 넓혀 1959년부터 1961년까지 《미래(未來)》지의 부편집자로 활동하였다. 1964년에 쓴 《문화의 소비자》에서 날카로운 통찰력이 주목을 받았으며, 《미래의 충격》(1970)으로 그 위치를 확고하게 다졌다.

1980년에 출판된 대표작 《제3의 물결 The Third Waves》은 고도 정보화사회에 대한 시나리오로 돌출적인 사회현상을 신문 잡지식으로 다루어, 그 저류(底流)가 되는 사회의 변혁방향을 교묘하고도 날카롭게 지적하였다. 그는 미래사회를 정보화사회가 될 것이라고 주장하고, 제1의 물결인 농업혁명은 수천 년에 걸쳐 진행되었지만, 제2의 물결인 산업혁명은 300년밖에 걸리지 않았으며, 제3의 물결인 정보화혁명은 20~30년 내에 이루어질 것이라고 주장하였다.

이 책에서 처음으로 재택근무·전자정보화 가정 등의 새로운 용어가 사용되었다. 1991년에 출판된 《권력 이동》에서는 권력의 세 가지 원천을 폭력(暴力)·부(富)·지식(知識)으로 규정하고, 폭력을 저품질 권력, 부를 중품질 권력, 지식을 고품질 권력으로 자리매김했다. 21세기의 전 세계적 권력투쟁에서의 핵심문제는 지식의 장악이며, 이 지식이야말로 진정한 권력의 수단이 될 것이라고 전망했다.

또한, 지식은 결코 소진되는 법이 없으며 약자나 가난한 자도 소유할 수 있는 지식의 생산성으로 폭력과 부의 파괴적이고 편향적인 비민주성의 낭비와 횡포를 제어할 수 있을 것이라고 예측하였다. 뉴욕대학교·마이애미대학교 등 5개 대학에서 명예박사 학위를 받았고, 코넬대학교 객원교수를 역임했다. 2016년 6월 27일 87세를 일기로 사망했다.

8 피터 드러커 | 한국은 기업가 정신에서 최고의 창조정신을 지닌 나라이다

21세기 석학, 위대한 지도자였던 현대 경영학의 아버지 피터 드러커는 저서 '넥스트 소사이어티'에서 기업가 정신을 이야기 하면서 "한국은 기업가 정신에서 최고의 창조성을 지닌 나라"라고 말했다. 그가 한국에 대해 말한 인터뷰에 잠시 귀를 기울여보자.

질문자 : 우리 미국이 기업가 정신에 있어서 세계 제일이란 주장에 동의하십니까?

드러커 : 전혀 아닙니다. 그것은 정말 위험한 착각입니다. 기업가 정신을 실천한다는 점에서 미국은 2등도 못됩니다.

질문자 : 그렇다면 1등은 어느 나라일까요?

드러커 : 의심할 나위 없이 한국입니다. 약 40년 전만해도 한국에는 기업이라는 것이 전혀 없었습니다. 그러나 오늘날 한국은 24개가량의 산업에 있어서 세계 일류 수준이고 반도체와 조선 등 몇몇 분야에서는 세계 선도주자입니다.

질문자 : 기업가 정신이란 무엇입니까?

드러커 : 그것은 두말 할 나위 없이 첫째는 개척정신이요, 둘째는 창조정신이요, 셋째는 공동체 정신입니다.

한국, 한국인, 한민족은 독특한 문화의 토대위에 서있다. 다른 나라에서는 보기 드문 자질이다. 쉽게 달아오르는 냄비 근성과 그 반대 성격인 느긋함도 동시에 함께 지니고 있다. 한국인에게 있어 이러한 특징은 개척과 창조 그리고 공동체 정신을 발휘하는데 무한한 상상력과 힘이 되었다.

그런 면에서 보면 피터 드러커의 말처럼 이런 기업가 정신으로 한국인은 무엇이든 할 수 있는 민족이다. 특히 이런 기업가 정신의 중심에는 대기업이 아닌 중소기업이 있다. 대기업 편중 정책이 아닌 중소기업 육성정책을 잘 펼치고 강소기업들을 많이 만들어 낸다면 피터 드러커의 예견대로 대한민국은 이러한 힘을 바탕으로 세계의 최강국이 될 것이다. 한국은 좀 더 다양성을 존중하는 문화를 바탕으로 '따로 또 같이'정신을 실현해야 한다.

필자가 생각하는 기업가 정신은 다음과 같다. 기업이 넘어지지 않는 것이 아니라 넘어져도 다시 일어나는 정신, 기업가로서 평생 죽을 때까지 배우는 정신, 사람과 사업의 통찰력을 기르는 정신, 좋은 가치를 공유하고 사회에 선한 영향력을 행사하는 정신이다.

■ 피터드러커(Peter Ferdinand Drucker)의 생애(1909.11.19 ~ 2005.11.11)

미국의 경영학자. 현대 경영학을 창시한 학자로 평가받으며 경제적 제원을 잘 활용하고 관리하면 인간생활의 향상과 사회발전을 이룰 수 있다고 생각했다. 그는 이런 신념을 바탕으로 한 경영관리의 방법을 체계화시켜 현대 경영학을 확립하였다.

1909년 11월 19일 오스트리아 빈에서 출생했다. 그의 집안은 네덜란드에서 인쇄업에 종사했으나 할아버지 때 오스트리아로 이주하여 살았다. 아버지는 경제학자이자 오스트리아 공무원이었고 어머니는 의학을 공부했다. 아버지와 어머니의 영향으로 어린 시절부터 저명한 경제학자, 철학자, 의학자를 만나면서 조숙했다. 1929년에는 프랑크푸르트로 옮겨가 금융회사에서 근무했고 이때 세계 대공황이 일어나면서 직장을 그만두게 되고 신문사 기자로 취업했다. 1933년 독일에서 히틀러의 나치정권이 들어서자 오스트리아로 돌아갔으나 적당한 직업을 구하지 못했다. 그해 영국 런던으로 이주하여 보험회사에 취업했다. 이후 프리드버그 은행에서 일했다. 이 때 영국출신의 세계적인 경제학자인 케인즈(John Maynard Keynes)의 강의와 세미나에 참석하면서 많은 영향을 받았다.

그는 나치주의와 파시즘 등 전체주의가 등장한 역사적 배경을 분석하고 히틀러를 비판했다. 또한 마르크스가 주장하는 계급투쟁을 비판하며 사회주의는 새로운 계급을 만들 것이라고 비판했다. 또한 전체주의에 대응하지 못하고 무기력해진 유럽의 실상을 분석했다. 그의 책은 미국 우파세력의 지지를 받았지만 당시 미국 공산주의 세력에게는 비난을 받기도 했다.

이 책으로 드러커는 미국 사회에 알려지기 시작했으며 미 육군에서 유럽의 정황을 조언하는 고문으로 일했다. 그의 경영학적 논리는 2차 세계대전으로 폐허가 된 유럽을 재건하기 위한 마셜플랜을 수립하는 과정에서 자문역할을 했고 일본을 재건하는 계획에도 일조했다. 또한 미국대통령에 대한 조언 역할을 하면서 《대통령이 지켜야할 6가지 규칙》이라는 논문을 발표했다.

1949년에는 뉴욕대학교 비지니스 스쿨 경영학부 교수가 되어 본격적인 경영학 연구와 이를 체계화하는 노력을 했으며 20년 동안 뉴욕대학교에 재직하면서 경영학을 강의했다. 그는 세계 유수의 대학교에서 강의했고 기업경영을 통해 경제적 성과의 달성을 높이는 과제는 어떤 것들이 있는지 다루었다. 이런 그의 주장은 현대 경영학을 창시한 경제학자로 평가받았다. 2002년 대통령으로부터 미국인에게 수여하는 최고훈장인 대통령 자유훈장을 수상했다. 2005년

11월 11일 96세를 일기로 사망했다.

피터 드러커는 산업혁명 이후 등장한 '기업'이라는 조직을 정의했고 사회를 구성하는 중요한 조직으로 보았다. 기업은 영리를 추구하는 경제적 조직이지만 또한 사회공동체적 조직으로서 역할 한다고 주장했으며, 경영(Management)이라는 분야를 학문으로서 새롭게 확립하는데 기여했다.

주요 저서에 《경제인의 종말 The End of Economic Man》(1939), 《산업인의 미래 The Future of Industrial Man》(1942), 《새로운 사회 The New Society》(1949)가 있으며 1954년에 출간된 《경영의 실제 The Practice of Management》는 현대 경영학의 새로운 지평을 연 책으로 평가받으며 베스트셀러에 올랐다. 그 외 《단절의 시대 The Age of Discontinuity》(1969) 등이 있다.

PART

02

현재의 한국을
진단하다

PART 02.

| 현재의 한국을 진단하다

한국인의 시대가 온다고 예고한 많은 선각자들의 희망대로 현재 대한민국은 아직 그런 강대국이 되지 못했다. 그런 대한민국은 현재 미완이다. 그러기에 앞으로 나아가기 위해 현재의 한국을 진단할 필요가 있다. 앞서 1장의 선각자 안중근 의사는 "스스로 할 수 없다는 생각은 망하는 근본이요, 할 수 있다는 생각은 흥하는 근본이다."라고 말했다. 하지만 할 수 있다고 이야기하기 위해서는 먼저 현실을 직시해야 하기 때문이다. 현재 무엇이 없는지를 알아야 정확히 할 수 있는 부분을 이야기 할 수 있다.

많은 선각자들이 한국의 잠재력을 보고 미래를 이끌 나라라고 칭송했지만 한국은 짧은 시간 많은 것을 이룬 만큼 또 많은 것을 잃었다. 짧은 기간 고속 성장을 하며 양적으로 많은 것을 얻었지만, 질적으로 많은 것을 잃었다는 것이다. 바로 이 잃어버린 것이 무엇인지를 진단하는 것이 중요하다.

무엇을 잃었는가를 한 단어로 요약하면 바로 '정신'이다. 잘 살아보세를 외치며 앞만 보고 달리다보니 안전 불감증으로 우린 많은 가족과 이웃을 잃었다. 세계를 주름 잡는 분야로 초일류 기업을 일궈 냈으나 동반 성장을 하지 못했다. 그것은 다시 빈부격차와 내수 시장의 악화라는 악순환을 가져왔다. 경제가 흥했으나 지금은 다시 위기다. 세계의 경제역시 악화되는 상황에서 중심을 잡지 못해 덩달아 더욱 출렁이고 있다.

한 때 우리는 자유와 민주에 대한 열망이 강하고, 국민을 최우선으로 여기며, 나라의 경제를 이끄는 고귀한 정치 문화가 있었다. 그러나 지금 정치적 리더십은 찾아보기가 힘들다. 물론 공적으로 모두 민생을 최우선시 하고, 역사적으로 민주화의 정신을 계승했다고 한다. 그러나 실상은 와 닿지 않는다. 오직 당리당략과 자신의 권력욕이 비춰질 뿐이다.

몇몇 의식 있는 사람들이 있으나 아직 그들만으로는 역부족이다. 이를 비판해야 할 세력역시 힘을 잃었다. 자정 능력을 상실한 것이다. 이러한 토대 위에 문화가 꽃피우길 바라는 것은 어쩌면 쓰레기통에서 장미꽃이 피기를 기대하는 것과 같다면 너무 과한 이야기일까. 오직 진흙 속에서 연꽃을 피우겠다는 희망만이 남아있을 뿐이다.

청년들은 3가지를 포기하는 3포 세대를 넘어 모든 것을 포기하는 N포 세대가 되었다고 한다. 공부를 해도 취직이 안 되고, 경제생활이 안 되니 결혼을 못하고 아이를 못 낳는다는 것이다. 대학을 졸업하며 학자금 대출을 갚지 못해 이미 신용 불량자로 사회에 나온다. 가정을 꾸릴 수도 없다. 설사 가정을 꾸렸어도 경제적인 이유에서 이혼이 늘고, 같은 이유로 황혼 이혼이 급증하고 있다. 성격 차이로 이혼한다고 하지만 조금 더 깊이 들어가 보면 경제적 어려움이라는 환경이 가장 큰 이유다. 이런 상황에서 여유 만만한 '저녁이 있는 삶'은 정말 꿈만 같은 이야기가 되어버렸다.

매 시간 노동에 헌신해야 간신히 살아남을 수 있다. 급기야 '헬조선'이라는 단어가 나왔다. 가족을 위해 희생한 베이비부머 시대가 왔다. 그러나 할 수 있는 일이 없다. 애초부터 노후는 없었던 것이다. 이런 노후는 현재 청년 세대의 미래이다. 그러니 감히 대한민국의 미래가 현재로는 어둡다고 말하는 것이다. 필자가 너무 비관적으로 이야기를 한 것이라고 생각하지 않는다. 비록 이 모든 부분이 현상이고 과정이라고 할지라도 역시 현재의 대한민국의 모습이기 때문이다. 비관하고 포기하자는 이야기가 아니다. 현실을 직시해야 나아갈 방향을 찾고 대안을 마련할 수 있다고 생각한다. 그 골든 타이밍을 놓치지 않기를 바라는 마음이다.

1 안전 | 다시 기초가 튼실한 안전한 나라로 가기 위한 진단

필자는 결혼을 하고 아이를 낳은 지 오래되지 않았다. 현재 두 돌이 안 된 아들이 있다. 아들을 낳고 나서 크게 달라진 점이 하나 있다면 바로 세월호 사건을 바라보는 시각이다. 필자 역시 사건이 터지자 5시간 이상 차를 달려 진주 체육관으로 가서 무릎담요를 가족들에게 나누어 주고 10분간 머무른 뒤 다시 서울로 오는 열정이 있었다. 하지만 내 아이가 있고 없고가 이렇게 큰 인식의 차이를 가져 올 지는 생각지 못했다.

한마디로 내 마음 속 깊이 안전 불감증이 자리 잡고 있었고, 그 동안 그 불감증으로 내 시야가 가려졌던 것은 아닐까 생각이 들었다. 세월호 사건을 정치화 시키는 세력이 있다면 반대한다. 필자는 지금 정치적인 이야기를 하는 것이 아니다. 세월호 사건이 있고 나서도 여전히 사회적으로 그 갈등이 해소된 것이 아니라 '보상을 비롯해 그만하면 됐다. 경제도 어려운데 이젠 좀 조용히 해라'라고 말하는 사람들과 '진상규명을 철저히 하라'라는 사람들로 나누어져 있다. 다행히 최순실 게이트와 대통령 탄핵으로 인해 세월호 사건의 진상 조사가 다시 화두에 오를 것으로 예상이 된다.

정치를 떠나 어쩌면 우린 물질 만능주의와 개인주의에 빠져 안전에 대한 '감'을 잃은 것은 아닐까. 마치 필자가 아들을 낳게 되고, 내 아들을 아직 건지지 못한 배 속의 아이들에게 감정이입이 더 잘 되고 나서야 안전과 안전 컨트롤타워의 중요성을 더욱 깨달은 것과 같이 말이다.

그렇다. 지금 정치가 아니라 안전을 이야기 하고 있는 것이다. 정치와 경제가 안정을 이루고 난 후에 찾아야 하는 것이 안전이 아니기 때문이다. 안전과 사회 안전망 확충이라는 기초가 튼튼하지 않다면 아무리 나라가 일시적으로 부유해져도 한 순간에 무너질 수밖에 없다. 물론 안보도 마찬가지다. 마치 보험으로 보면 보장자산을 위한 보험과 연금 저축 보험에 비유할 수 있을 것이다. 미래를 위해 아무리 연금 저축을 많이 준비해도 보장 자산이 없이 사고를 당하고, 아파서 쓰러지면 아무 소용이 없는 것과 같은 이치다.

우리는 메르스 사태 등을 겪으며 안전에 대한 불감증과 시스템의 부재로 얼마나 많은 사람들이 죽어가고 힘들어 했는지 곁에서 목도했다. 그럼에도 불구하고 그 이후 우리 사회는 다시 안전한 사회가 되었다고 생각하는 사람은 별로 없을 것이다. 그저 사건 사고가 터지고 언론이 떠들썩해지면 그저 그때뿐이다. 오히려 정치인들에게는 말을 할 수 있는 기회다. 남녀 공용화장실에서 묻지마 살인으로 죽은 사람은 바로 우리의 여자친구이며 아내이며 동생이며 딸이다. 내 가족에게 일어나지 않는다는 보장은 없다. 구로역 스크린 도어에서 목숨을 잃은 사람이 내 아들이 되지 말란 법은 없다.

무엇이 문제인가. 먹고 살기도 힘든데 지금 안전을 논할 때가 아니라는 바로 그 생각이 문제일 수 있다. 어차피 굶어 죽으나 어떻게 죽거나 죽는 것은 매 한가지라는 그 인식이 문제이다. 인간의 존엄성이 결여되어 있다. 나에게는 일어나지 않겠지 하는 그 안일함이 문제이다. 누군가는 해결하겠지 하는 생각은 더욱 문제이다.

이런 '안전 불감증'에 국민 개개인이 제대로 인식하고 그 해결에 동참해야 표를 의식한 정치인들과 정책 입안자들이 움직일 것이다. 그 기초를 전면적으로 다시 세워야만 한국의 시대가 온다. 이 기초가 없다면 아무리 정치와 경제와 문화를 꽃피워도 한 순간 바다 위

모래처럼 사라질 수밖에 없기 때문이다.

안전은 우리 주위의 아주 작은 부분에서부터 매우 큰 부분까지 그 범위가 넓다. 예컨대 안전은 우리 아이들의 학교 내 사건과 가정 내에서의 안전과 승강기 안전 등 생활 속 안전부터 고층 빌딩의 화재와 원전 사고와 같이 큰 부분까지 폭이 넓다. 또한 분단된 현실에서 안보 또한 이에 해당 될 것이다.

그렇다면 이런 안전에 대한 점검과 보완은 어디까지 해야 할 것인가. 뒤에서 자세히 다루겠지만 결론부터 말하자면 최소한 국민이 정책 입안자들의 안전에 대한 정책과 실천에 신뢰가 생길 때까지라고 말하고 싶다. 안전에는 끝이 없다. 우리가 살아가는 동안 늘 관심 갖고 관리해야 할 분야이다. 하지만 국가의 예산에는 한계가 있기 때문에 안전에만 집중하는 데에는 한계가 있다. 그렇기 때문에 최소한 정부와 정책 입안자들의 안전 정책에 대한 신뢰가 생길 때까지는 모두 안전에 대한 점검과 보완을 집중해야만 한다.

② 경제 | 한강의 기적을 대동강의 기적으로 만들어 가기 위한 경제 진단

대한민국이라는 나라의 국가적 핵심 난제를 이야기 하면 크게 세 가지를 이야기 한다. 높은 청년 실업률과 낮은 성장률, 그리고 낮은 출산율이다. 이 세 가지가 지칭하는 수식어는 단 하나다. 바로 '경제 위기'다. 이미 불황의 늪에 빠진지 오래다. 미래 대한민국의 경제가 어두운 이유가 여기에 있다. 출산율은 OECD 국가 중 34위로 꼴찌고, 잠재 성장률은 3% 이하로 추락했다. 청년 실업률은 9.7%이지만 실질적으로는 훨씬 높다는 것은 이미 체감하고 있을 것이다. 문제는 이것이 단순히 '경제의 불확실성'으로 그치지 않고 '어두운 미래'로 이어지기 때문이다. 이 모든 것이 세계 경제의 위기 때문이라고 할지라도 꼴찌라는 성적은 너무나 참담하다.

대한민국이 현재 경제적으로 이러한 위기에 있는 주요한 원인은 '정치적 리더십'이 부재하고, 기존의 정치 패러다임에 갇혀있기 때문이다. 급속히 떨어져 가는 성장률을 높일 수 있는 정치적, 정책적 대안이 부실하다. 설사 정책적 대안이 있다고 해도 그것을 강하게 드라이브 걸 수 있는 소통과 화합의 리더십이 없기 때문에 경제는 더욱 악화되고 있다. 늘 패러다임의 전환이 필요하다고 외치지만 정말 잘 실행되고 있는지 되돌아보아야 할 때이다. 이대로 간다면 재벌 기업이 아닌 중소기업의 중심 경제, 동반성장과 공유경제 등 착한 경제의 실현은 요원하다. 지금은 프랑스 경제학 교수 자크 아탈리의 긍정 경제학, 즉 이타주의적 경제를 연구하고 실해애햐 할 때이다.

청년들의 사상 최대치의 실업률이 사상 최저치의 출산율로 이어지는 이고리를 경제가 끊어주지 않는다면 미래는 없다. 이 어려움 속에서 우선 나부터 살겠다고, 내가 살아야 국가가 사는 거라고 사내 유보금을 늘리고 있는 대기업들이 시장 경제 체제 하에서는 당연한 것이라고 인식하는 한, 또 주요 기간산업의 부흥을 통해 낙수 효과와 더불어 경제를 일으킬 수 있다고 믿는 한 이 고리는 끊을 수 없다. 계속해서 수렁에 더욱 빠져들 뿐이다.

이제는 기존의 패러다임을 바꿔야 한다. 더 이상 미룰 수가 없다. 계속해서 미룬다면 결국 경제는 더욱 파국을 맞게 되고, 내수는 더욱 줄고, 그 칼날은 다시 자신을 겨눌 수 있다는 것을 명심해야 한다. 아니 이미 겨누고 있다고 해야 맞는 말이다.

어쩌면 지금 불나방같이 그 끝을 알면서도 어쩔 수 없이 달려든다고 말할 수도 있다. 하지만 정부 또한 이런 부분을 직시하고, 대기업 편중정책도 퍼퓰리즘 정책도 아닌 균형 감각을 갖고 일관된 원칙이 있는 경제 정책을 펴는 것이 중요하다. 또한 경제의 민주화를 반드시 달성해야만 한다. 이는 뒷부분 정치적 리더십에서 다시 이야기를 하겠지만 확실한 것은 지금의 경제로는 안 된다는 것이다. 지금의 상황에서는 분명히 대한민국의 경제는 출구를 찾기가 어렵다. 그리고 이것은 미래의 불확실성을 더욱 크게 만드는 것이다.

그럼 경제의 암울한 시기를 가중시킨 것이 누구인가? '불노소득' 으로 살아온 모든 주체 들이라 하겠다. 노동이 아닌 금융과 부동산, 특히 고리 대부업자들이 주범이라 하겠다. 자기 자본이 아닌 타인의 자본으로만 움직이는 건설 시행사들이 공범이고, 사내 유보금을 늘리며 투자와 연구를 줄이고 중소기업을 이용한 대기업들도 공범이라 하겠다. 또한 갑질을 하는 관공서와 모든 기관도 이런 의혹에서 자유롭다고는 못 할 것이다. 공익과 사익의 균형을 잡아야 함에도 불구하고 사회적 책무를 등한시 하고, 오직 주체의 이익만을 추구했기 때문이다. 자본주의 사회에서 당연한 것이라 할 수 있을지 모른다. 하지만 여전히 경제의 민주화는 달성되지 못한 것이 분명하다.

③ 정치 | 무너진 리더십을 다시 세워 가기 위한 정치리더십 진단

앞서서 이런 난제를 풀기 위해서 패러다임을 전환해야 한다고 했다. 하지만 이런 패러다임의 전환을 누가 이끌 수 있는가를 보면 역시 '정치적 리더십'이 가장 중요한 대목이다. 지금 대한민국의 정치적 리더십은 흐릿하다. 단순히 보수냐 진보냐의 문제도 아니다. 가치를 중심에 놓고 진정한 보수와 진보를 논하는 것인지도 의심이 든다. 어쨌든 표면적인 보수와 진보의 깃발을 꽂아 놓고 파벌이 만연할 뿐이다. 사상적인 것은 더더욱 아니다.

그저 정치적인 이해관계가 있을 뿐이다. 오직 파벌이 있고, 그 파벌 안에서도 다시 계파끼리 싸움을 하는 형국이다. 조선 후기 당파 싸움으로 쇄락의 길을 걸을 때와 매우 유사하다. 당파 간 합리적인 토론을 하는 것은 민주주의의 원리이니 매우 합당한 일이나, 문제는 그런 토론보다는 권력을 얻기 위해 진흙탕 싸움을 하는 것이 문제이다.

협치와 연정은 일부 시험적으로 가동하는 몇몇을 제외하고는 매우 찾기가 어렵다.

그나마 이런 시도를 하는 정치인들이 있다는 것은 고무적인 일이다. 하지만 여전히 총체적으로 난세다. 이런 난세에 정치적 리더십을 갖은 영웅이 나타나기를 국민은 기다리고 있다. 이 영웅과 함께 정치적 리더십으로 해결해야 할 문제가 대한민국에 산적해 있기 때문이다.

앞서 밝혔듯 우선 정치적 리더십으로 반복되는 경제 악순환의 고리를 끊어야 한다. 그리고 파괴되어 가는 공동체를 복원해야 한다. 모든 것의 기초가 되는 의식주 관련 안정을 꾀하고 사회의 불평등과 갈등을 완화하고, 교육 및 문화의 안정을 가져와야 한다. 이것이 진정한 복지다. 이 모든 것은 정치적 리더십으로 해결이 가능하다.

그러나 지금 정치는 무기력하다. 몇몇 지도자들과 몇몇 인사들에 의해 국정은 농락당했다. 정치는 이 또한 국민의 탓으로 돌리기도 한다. 의식이 부족하여 제대로 된 참된 리더를 세우지 못했다고도 한다. 토양이 부족하다는 말이다. 우리 손으로 뽑았으니 일부는 맞는 말일 수도 있다. 천만 명 이상의 인파가 광화문 광장에 모였다. 평화적인 촛불 시위였다. 이래도 토양 탓만 하고 있을 수 있을까? 국민은 이미 세계가 놀랄 만큼 평화적인 시위를 하며 명예혁명을 이룬 것이나 다름없다. 국민은 일등 국민이다. 정치가 삼류일 뿐이다.

지금은 우선 정치적 리더십으로 패러다임을 전환하고 돌파구를 마련해야 하는 때다. 사회 안전망을 확충하고, 현장 중심으로 정책이 반영될 수 있는 구조를 만들어야 한다. 그러기 위해 올바를 정책을 입안하는 것은 당연하다. 이를 바탕으로 기업의 사회적 책임을 강화하도록 유도하고 국민들에게는 교육의 균등한 기회를 제공하며, 중장기 성장 동력을 발굴하고 남북 교류를 확대해 통일을 이룩하는 등의 돌파구 들을 마련해야 한다.

이 모든 것은 정치적 리더십으로 충분히 가능하다. 그런 의미에서 저 출산 초 고령화 시대를 맞이하고 저성장과 높은 실업률의 현재 상황에서 정치적 리더십의 부재가 가장 아쉽다고 하는 것이다. 이것을 우리 모두는 직시하고 움직여야 한다. 정치적 영웅이 나올 수 있는 토대가 되어 있는가도 깊이 생각해 보아야 한다. 토양이 부족하기에 인물이 없고, 또 시스템이 부족하기에 그 자리만 가면 사람이 변한다고 말하기도 한다. 일리 있는 말이다. 이 모든 것을 직시하고 이젠 모두가 지혜를 모아야 한다. 우리의 정치는 현재 벼랑 끝에 서있기 때문이다.

4 교육 | 사람을 만드는 인문학교육으로 가기 위한 교육 진단

막 아이를 낳은 필자의 경우 가장 숨이 턱턱 막히는 기사가 있다. 바로 학생들의 자살 소식이다. 무엇이 그 꿈 많고, 에너지 많은 그들을 자살하게 만들었나? 자살 이전에는 사전 징후로 우울증, 왕따 및 학교 폭력 등이 있다. 그리고 더 깊이 들어가면 과도한 '무한 경쟁'이라는 현재 교육의 한계에 있다.

물론 필자가 어렸을 때에도 왕따와 학교 폭력은 있었다. 일진도 있었다. 그래도 그때는 교권이 살아있고, 맞는 표현일지는 몰라도

'순수함'이 남아 있었다. 주위에서 들려오는 학교 폭력의 실태를 들으면 이 이야기가 정말 학교에서 벌어지는 일인가 싶을 정도로 살벌한 이야기들이 들려온다. 역시 무한경쟁 형태의 교육제도와 빈부격차에 따른 교육의 양극화가 가장 큰 문제일 것이다.

대한민국이 짧은 시간 안에 이렇게 발전한 것은 바로 부모들의 높은 교육열 때문이다. 가난을 대물림 하지 않기 위한 부모들의 그 교육열과 성실함 덕분에 지금의 대한민국이 만들어 졌다고 해도 과언이 아니다. 하지만 과도한 성장 위주의 경제 정책과 맞물려 현재 대한민국이라는 사회에 큰 병폐를 가져온 것처럼 무한 경쟁 시대의 패턴이 교육의 장까지 들어온 것이다. 무한 경쟁의 사회에 놓인 부모는 그만큼 자녀들의 교육에 무관심하거나 혹은 비뚤어진 과열 애정으로 이어지고, 아이들은 그 불안한 환경 속에서 자연스럽게 노출되었다. 그런 학생들이 학교에서 성적과 힘에 있어서도 서열이 결정되는 것이다.

필자에게도 어린 시절 비슷한 경험이 있다. 그 때는 그래도 이 정도로 경쟁이 치열하지는 않았지만 필자도 왕따와 학교 폭력으로 상처를 입은 기억이 있다. 그리고 부모의 욕심으로 인해 오직 공부와 성적이라는 틀 안에서 내가 로봇이 아닌가 하고 우울해 했던 경험이 있다.

지금은 그때와 비교도 할 수 없을 정도로 심각하다. 아이들은 오직 대입을 위한 경쟁에서 살아남기 위해 공부하는 로봇처럼 공교육과 사교육을 넘나들고 있다. 당연히 그곳에서 꿈을 찾아보기가 어렵다. 그러니 대한민국에 교육 현실이 비참하다는 것이다. 아이들의 체력은 점점 떨어지고, 인성교육이 설 자리를 잃어가고 있다. 대학을 나온다고 취업이 보장되어 있지도 않지만 그래도 여전히 목표는 SKY(서울대, 연세대, 고려대)다.

결국 진정한 교육이 사라져 가는 가운데 가장 멍들고 죽어가는 것은 우리들의 학생들이다. 물론 자신이 진정으로 원하는 것을 찾고, 재능을 발견하고, 인성과 건강을 기본으로 하는 교육의 필요성을 못 느끼는 사람은 없을 것이다. 부모도 알고, 교사도 알고, 당연히 학생 자신들도 안다. 게다가 학교폭력, 왕따, 우울증과 자살 등 OECD 국가들 중 최악의 수치로 치 닫고 있는 현실을 모두 통감하고 있을 것이다.

그나마 떠들썩한 언론의 힘으로 이런 부분들을 통감하고 해결해야 한다는데 공론이 생긴 것은 다행이다. 다만 그때뿐이거나 내 아이만 괜찮으면 된다는 사고방식이 문제다. 필자는 그런 의미에서 이 악순환의 고리를 가정에서부터 끊어야 된다고 생각한다. 물론 부모들은 사회가 문제이고, 먹고 살기가 힘들 다고도 할 수도 있다.

하지만 우리는 더 어려웠던 시기에도 가정이 튼튼했던 시기가 있었음을 잊지 말아야 한다. 먼 이야기가 아니라 바로 우리 부모님 세대의 이야기다. 그러니 힘든 경제 탓만 하지 말고, 가정에서부터 이 악순환의 고리를 끊어야 한다. 그 다음이 학교이고, 제일 마지막이 사회일 것이다.

우선 나부터 인식을 전환하고 뜻이 같은 학부모와 연합하는 것도 방안이다. 그리고 학부모 차원에서 해결이 안 되는 부분에는 공교육이 적극적으로 개입해야 한다. 그것이 매년 몇 백 명씩 자살을 하는 학생들을 살리는 유일한 길이다. 부모의 공부에 대한 비뚤어진 시각과 무한경쟁 방식의 교육체제에 변화가 없다면 대한민국에 교육은 계속해서 병들어 갈 것이다.

물론 명문대를 나오고 스펙을 쌓아야 취업을 하는 사회 탓을 할 수도 있다. 옳은 주장이다. 하지만 그것이 과연 행복의 지름길 일지도 반문해 보아야 한다. 바로 이러한 인식이 변하지 않는 한 대한민국의 교육은 암울하다. 교육의 문제가 심각한 것은 바로 '대한민국의 교육이 암울하다'는 것이 '대한민국의 미래가 암울하다'와 직결되기 때문이다.

⑤ **문화** | 잃어버린 문화적 자존감을 회복하기 위한 문화진단

대한민국의 보편적 문화가 무엇인가에 무어라 답을 할 수 있을까? 대학 때부터 줄곧 생각해 왔다. 하지만 대학 당시 아무리 생각해 봐도 '술 문화' 말고는 딱히 떠오르지가 않았다. 물론 지금은 예전보다 문화와 관광과 생활 체육의 면에 있어서 발전한 것이 사실이다. 한류는 이미 세계에서 인정받고 있다. 하지만 이런 것은 모두 표면

적이고 일시적인 것이 아닐까 우려가 된다. 여전히 대표적인 문화가 무엇인지 물으면 '방 문화'라고 대답할지도 모른다. 노래방, 찜질방 등 폐쇄적인 공간 안에서의 문화가 대표적인 문화인 것이다.

필자는 얼마 전 총리실과 국회 문화관광위원회, 방송통신위원회 의원실과 신문고, 청와대 까지도 현 문화의 위기의식을 갖고 투서를 보낸 적이 있다. 현재 드라마를 비롯해 외주 프로덕션 및 방송사의 불합리한 관행에 대해 시정을 하도록 이끌어 달라는 투서였다. 물론 신문고의 의례적인 답을 제외하고는 어느 한곳도 답은 없었다.

현재 선진 시스템이라고 불리는 프랑스와 영국과 달리 한국에서 프로덕션이 드라마를 제작해도 공중파 방송에서 주는 일부 해외 판권을 제외하고는 저작권이 거의 없다. 대부분 방송국이 갖고 있는 것이다. 그러니 저작권이 없는 곳에 투자가 원할 할리 없다. 프로덕션은 투자와 협찬으로 제작비를 충당해야 한다. 그 마저도 과도한 협찬 광고라는 제제로 인해 협찬도 쉽지는 않다. 방송사는 하우스 피디를 파견하고 관리한다는 명목으로 저작권을 주장하고, 편성권 이라는 막강한 힘을 갖고 있는 갑이기에 영세한 프로덕션은 제대로 소리조차 못 내고 있는 형국이다.

이는 다시 방송사의 경영악화로 이어지고 있는데, 출연료의 인상 으로 인한 편당 제작비의 증가로 약 50%의 제작비를 부담하고 있는 방송사 역시 경영이 악화되는 것이다. 이런 토양이기에 급기야 스텝 들에게 임금을 제대로 주지 못하고 도산하는 경우가 많이 생긴다.

그리고 김종학 프로덕션의 김종학 피디처럼 자살이라는 극단적 선택을 하는 일도 많아졌다.

드라마 외주 제작의 단편적인 예를 들었지만 대부분 한국 문화 콘텐츠 제작사들의 형편은 유사하다. 이런 토양에서 일부 몇몇 대형 기획사를 제외하고 한류를 이끌 좋은 콘텐츠들이 지속 가능하리라고는 예상되지 않는다. 이미 중국에서는 대규모 자금으로 한국의 주요 인재들과 함께 중국의 콘텐츠를 제작하고 세계 시장으로 나아가고 있다.

이런 토양에서 차별화되고 신선한 콘텐츠를 만들어 내기 위해 노력하는 국내의 콘텐츠 제작자들이 점점 사라지는 것은 당연하다. 그러기에 한국에 문화는 융성과는 반대의 길을 걷고 있다. 게다가 얼마 전 차은택을 비롯한 최순실 게이트로 가장 중요한 부분의 문화 융성 정책은 신뢰를 잃었다. 정부는 매칭 펀드를 마련하고, 한중 펀드가 마련되는 등 자금이 꿈틀거리고 있다고 하나 정작 콘텐츠를 제작하는 회사들은 설 자리를 잃어가고 있는 것이다. 심지어 문체부에서 문화계 블랙리스트까지 작성을 했다고 하니 더 이상 할 말이 없다.

이런 악순환의 가장 큰 피해자는 바로 국민이다. 감동과 신선함이 있는 콘텐츠는 점점 만나기 어렵고, 좌우 편향된 사상을 주입하는 콘텐츠가 득세하고, 늘 그 나물에 그 밥인 연기자와 비슷한 내용의 막장 드라마를 만나게 되는 것이다. 쉽게 이해하기 위해 드라마를 예를 들었지만 이와 같은 현상은 비단 드라마만의 문제가 아니다.

모든 콘텐츠 분야가 비슷한 상황이다.

그러다 보니 문화 관광 체육 분야에서의 일자리는 더욱 사라졌다. 점차 경제적으로 설 곳을 잃어가는 공연과 연극계는 살아남아 있는 것이 기적이고 출판 시장도 사정은 다르지 않다. 그나마 게임 시장은 제일 낫다. 하지만 상대적으로 애니메이션 시장은 빈약하다.

매년 해외로 여행을 떠나는 내국인은 늘고 있지만 국내 관광 기반은 아직도 많이 부족하다. 그나마 중국 관광객들로 간신히 관광수지 적자를 면하고 있다. 체육 분야는 스포츠와 생활 체육과 국민 건강의 세 축의 연결 고리가 미약하다. 그러다 보니 당연히 잠재력 있는 중장기 먹거리는 문화 관광 스포츠 콘텐츠 산업 분야이지만 그 자리는 점점 줄어든다.

이런 산업은 예산만 준다고 해결되지도 않는다. 바로 정책적인 시스템을 제대로 만들어주고 장기 정책을 입안해야 지속 가능한 문화가 있는 것이다. 최근 최순실 사태로 필자는 무척 고민에 빠졌다. 대한민국에 문화 관광 체육 융성 사업은 필수다. 최순실의 국정 농단과 문화 관광 체육계의 비리로 인해 골든타임에 이런 중요한 일들이 실종되지 않을까 염려가 된다.

예전에 필자가 애니메이션을 시작 했을 때 '원더플 데이즈'와 같은 현상이 나타날까 두렵다. 처음으로 많은 투자와 함께 블록버스터 애니메이션 '원더플 데이즈'가 만들어졌지만 그만 폭삭 망했다. 그 이후로 애니메이션의 투자는 악화되었고 그 발전은 10년은 뒤쳐졌다고 생각한다. 문화 관광 체육 융성 사업도 이렇게 되지 않기를 바란다. 명명백백히 문제를 밝혀내고 처벌하되, 여전히 문화 융성 사업은 효율적으로 계속되어야 한다. 그렇지 않다면 대한민국에 문화는 발전하기가 어렵다.

⑥ 가정 | 무너져 가는 가정부터 다시 세워 가기 위한 가정 진단

가정에 있어서 가장 큰 문제는 '중산층의 몰락'이다. 여기에는 세 명의 일등공신이 있는데 필자는 가계부채, 자영업부채, 대부업을 포함한 금융업과 금융정책이라고 생각한다. 결국 경제가 주범이다.

앞서서 N포세대에 대해서도 이야기 했지만 일단 가정을 꾸리기가 힘들다. 그리고 가정을 꾸려도 부채가 늘어만 간다. 은퇴 시점은 점점 빨라지니 고령층 가계부채는 더욱 심각하다. 특히 주택 담보대출의 비중이 사상 최대치이다. 베이비부머 세대를 중심으로 자영업자의 부채가 늘고 있는데 이것은 더더욱 심각하다. 가계의 주택담보대출보다 더욱 부실한 악성 부채이기 때문이다.

그나마도 이런 부채는 신용이 남아 있을 때 가능하다. 필자는 이 모든 불에 기름을 부은 것이 바로 대부업을 포함한 금융업과 금융정책이라고 생각한다. 필자가 사업이 망하고 급히 돈이 필요했을 때가 생각이 난다. 시중 어느 은행을 가도 한도가 나오지 않으니 안타까웠다. 신용이 좋고, 한도가 좋은 사람이라면, 담보가 있을 정도로 여유가 있다면, 이렇게 급히 은행을 찾지는 않았을 것이다. 하지만 담보도 없고, 딱히 직업도 좋지 않은 필자가 은행에서는 자금을 융통할 수 없었다.

물론 은행 경영상의 이유를 이해 못하는 것은 아니지만 공공기능을 무시한 금융권과 정책이 문제이다. 시장 자본주의에 의해서만 금융이 움직이면 결국 많은 사람들이 대부업자를 통해 고 이자를 주고 돈을 융통해야 하고, 이 모든 것이 중산층의 몰락을 가속화 시키는 것은 당연하다. 지금은 고리 대금업의 세상이라 해도 과언이 아니다. 조선 후기와 비슷하다. 이것은 당연히 정부의 정책과 제 1 금융권과 대부 업이 공범이다.

이 모든 것에 대한민국의 경제 활성화가 다시 이뤄지지 않는다면 결국 그 끝은 분명하다. 이미 많은 중산층과 가정이 몰락했다. 경제적 비관으로 인해 자살률이 높아지고 있다. 이혼율 역시 연일 최고치를 경신하고 있고, 그 주된 원인은 경제적인 원인이다. 이혼까지 이야기 하지 않더라도 치솟는 양육비와 사교육비로 인해 가계는 이미 휘청거린 지 오래다. 물론 부동산 버블도 터질 것이다.

언젠가 자식의 사교육비를 위해 노래방에 아르바이트를 나온다는 주부의 이야기를 들은 적이 있다. 대학 등록금을 마련하기 위해 도우미를 한다는 학생도 있었다. 물론 교육비를 위해 이런 일을 선택한다는 측면은 각자 윤리적인 판단을 내리겠지만, 한편 오죽했으면 하는 생각이 들기도 했다. 좋아서 하는 일은 아닐 것이다. 물론 아무리 힘들어도 건전하고 건강한 일을 해야 한다고 생각하지만 그러기 전에 우리 사회가 여러 환경과 제도적으로 이들에게 비전을 제시해 주었는가를 생각해 봐야한다.

얼마 전 필자는 속상한 일을 겪었다. 갓 태어난 아기를 두고 아내의 짧은 출산 휴가는 끝났다. 하지만 주위 친척들도 아이를 봐줄 수 있는 상황이 안 되어 입주 도우미를 찾게 되었다. 물론 대부분 중국 동포들이다. 그렇지 않다면 아내는 10년 넘게 해 온 전문직을 그만두어야만 했다. 경력 단절이 되는 것이다. 어쩔 수 없이 고 임금의 입주 도우미를 두었지만 늘 만족스러울 수는 없다. 다행히 지금 계신 분은 좋은 분이지만 그러기까지 이전의 입주 도우미와 속상했던 기억들이 많다.

어느 엄마가 온종일 아이를 보고 싶지 않을까 싶다. 일과 가정이 균형을 이루고, 경력이 단절되지 않기를 바라는 엄마의 마음은 당연하다. 하지만 오늘도 직장 생활을 하는 엄마들은 이모님이 유모차에 아이를 데리고 놀이터에 나가는 것이 제일 두렵다고 한다. 나가면 서로 누구는 얼마를 받고 누구는 쉬는 날이 며칠이고 하며 정보를 주고받고 조금만 돈을 더 받을 수 있는 곳이 나타나면 금방 그만 둔다는 것이다. 엄마 입장에서는 아이를 볼모로 협상하는 것으로 느껴질 수밖에 없다. 물론 타지에 돈을 벌기 위해 수고하는 그들의 마음도 이해가 안 되는 것은 아니지만 엄마 입장에서는 이 모든 상황이 야속하기만 할 것이다. 사회적인 뒷받침이 없다는 말이다.

필자가 단편적인 경험만을 공유했지만 이 모든 것이 현재 출산율 저조와 관련이 깊다. 오랜 경력 단절 이후 다시 자신의 자리를 찾아가는 엄마의 수가 과연 얼마나 될까. 많지 않다는 것이 통계이다. 연일 여성가족부는 해피콜 등 좋은 정책들이 있다고 자부한다. 많은 엄마들이 탁상공론의 정책이라고 비웃지만 그들만 자축하는 분위기다. 정작 필요한 때는 전화를 해도 부를 수 없는데도 말이다.

필자의 경험을 그대로 옮기자면 결국 결혼하기 어렵고, 결혼했지만 집을 마련하기 어렵고, 또한 아이를 낳아도 키우기가 너무 어렵다. 앞으로 점점 많아질 양육비가 걱정이 되고, 노후 준비는 생각할 여유가 아예 없다. 맞벌이 부부인데도 이런데 그렇지 않은 집은 더욱 심각하리라고 생각한다.

자영업을 하는 필자 역시 늘어가는 부채가 걱정이고, 가계 부채가 걱정이고, 대부업자의 힘을 빌리지 않으려고 안간 힘을 쓰고 있다. 사업이 잘되면 좋아 지겠지만 지금과 같은 내외 환경에서 녹록치 않다. 혹여나 집안에 큰일이 갑자기 닥치면 리듬이 깨지게 될 것은 자명하다.

비록 필자의 단면이지만 현재 대한민국의 가정의 현 주소라고 생각한다. 이런 상태라면 대한민국의 기초인 가정은 계속해서 무너질 것이다. 그리고 계속해서 이렇게 중산층 가정이 몰락하고 비전이 사라진다면 대한민국의 미래 역시 사라지게 될 것이다. 단순한 인구절벽이 문제가 아니라 가정이 붕괴되는 것이 가장 큰 문제다.

☑ 저녁 | 가족들이 저녁을 같이하는 삶을 실천해 가기위한 인생 진단

'저녁이 없다'라는 말은 많은 것을 내포하고 있다. 과연 누구에게 저녁이 없는지를 살펴보면 우선 청년들에게 저녁은 없다. 대학 등록금을 마련하기 위해 공강(강의 간 사이 시간)과 저녁에는 아르바이트를 한다. 그나마도 도서관에서 취업을 위한 스펙 쌓기를 할 수 있다면 다행이다.

그리고 가족에게도 저녁은 없다. 매일같이 야근이 있다는 것은 행복한 일이라고 말하는 것을 들은 적이 있다. 그나마도 잔업이 있으니 다행이라는 아이러니한 이야기다. 대부분의 열악한 노동시장에서 제 시간에 퇴근하고 가족이 모여 하루를 어떻게 보냈는지 대화하고 문화생활을 하고, 여가를 즐기는 일은 대한민국에서 흔히 찾기 어려운 풍경이 되버린 지 오래다.

모두들 제 시간에 일을 마치고 운동도하고, 영화도 보고, 데이트도 하고 가족들과 TV를 보며 도란도란 이야기 하고 싶을 것이다. 자영업을 늦게까지 운영하는 사람들은 말 할 것도 없고, 직장인들 중 과반수는 제 시간에 퇴근을 못하고 주당 2~3회 이상 야근을 한다. 제시간에 일을 마치고 집에 들어가도 저녁이 있는 삶은 쉽지가 않다.

필자 부부의 경우를 보더라도 일을 제 시간에 마치고 집에 들어가면 거의 8시가 된다. 그러면 잠깐 어린 아들과 놀아주고 바로 지쳐 쓰러져 잠을 청하게 된다. 맞벌이 부부가 아주 운 좋게 둘 다 정시에 퇴근해서 집에 와도 아이와 함께 저녁을 먹는 것은 쉽지 않을 것이다. 어린이집, 학원, 돌봄 교실 등에서 온 아이들과 짧은 시간만 함께 하는 것이 가능할 것이다. 일찍 와서 아이들과 식사를 할 시간이 상식적으로 가능한 일이 아닌 것이다. 우리나라의 평균 출퇴근 시간은 이미 OECD 평균의 2배나 된다.

대한민국에서 저녁이 있는 삶을 만들기 위해서는 획기적인 패러다임의 전환이 있지 않으면 불가능하다. 하지만 필자가 앞서서 아이러니한 이야기를 했지만 현재의 상황에서는 그나마 야근이 있는 것도 다행이라고 이야기가 나오는 형편이다. 어쩌면 출산율은 낮아지고, 이혼율이 높아지는 것은 자연스러운 현상일지도 모른다.

저녁이 없는 이 상황 덕분에 우리가 경제를 지탱하고 있는 것이라고 생각하는 어리석은 사람은 없을 것이다. 이것은 패러다임의 문제이다. 패러다임의 변화와 노동의 유연성이 필요하다. 이를 통해 오히려 기업에 경쟁력과 가정에 저녁이 있는 삶으로 연결 될 수 있다는 인식이 절실하다.

어느 누구도 '건강의 소중함'을 부인할 수 없다. '쉼'이 없는 일이 얼마나 효율성이 떨어지고, 건강을 해치는지 모르는 사람 역시 없을 것이다. 그럼에도 불구하고 왜 변화가 일어나지 않을까 생각해 보아야 한다. '저녁이 없는 삶'은 그저 저녁이 없는 삶 그 자체가 아니다. 많은 의미를 내포하고 있다. 저녁이 없는 삶에는 행복이 없고, 행복이 없는 삶에는 미래가 없다. 미래가 없는 삶이기에 역시 행복하지 않은 삶이되는 악순환의 구조에 놓여 있는 것이 바로 현재 대한민국의 저녁이 없는 삶이다.

서울신문이 취업정보포털 사람인과 함께 취업준비생 400명에게 설문조사[10월 1~11일]를 한 결과 65.5%[262명]는 '연봉은 높지 않아도 야근[주말 근무 포함]이 적은 회사'에 입사하기를 원했다. 야근이 잦지만 연봉이 높은 기업은 11.8%[47명], 야근이 아예 없고 연봉이 낮은 기업은 22.8%[91명]였다. '워라밸[Work and Life Balance]' 즉 '일과 삶의 균형'인 기업에 다니고 싶다고 했다. 재취업 준비생 김모[28]씨는 "출퇴근이 확실한 곳"을 원한다고 했다. 취업 준비생 이모[28.여]씨는, "주말에도 일하는 친구를 보면서 적어도 주말만이라도 사생활을 보장받고 싶다는 생각이 든다."고 했다.

'칼퇴'가 보장된다면 초봉 하한선 2000만 원 선도 좋다. 높은 연봉을 의미하던 '좋은 직장'의 정의가 연봉은 다소 낮아도 개인 시간이 보장되는 기업으로 바뀌고 있다. 취업 준비생들은 이런 기업을 일과 삶의 균형이 보장된 곳이라는 의미에서 '워라밸'이라는 신조어로 부른다. 하지만 정작 이들은 '워라밸' 기업이 어디인지는 모른다고 했다. 세계 3위의 긴 노동시간과 8%를 넘는 청년실업률 속에서 구직자들은 워라밸을 꿈꾸지만, 정작 워라밸의 의미와 해당 기업을 찾을 여유는 없는 셈이다.

김인아 한양대 산업의학과 교수는 "외국은 퇴근 후 휴식을 취하는 것 이상으로 지역사회에 참여하고 가족들과 삶을 영위하는 것을 '일과 생활의 균형'으로 보는데 우리는 단순히 취침이나 집안일 등을 하는 낮은 수준의 워라밸 개념을 가지고 있다"며 "기업의 근무시간이 너무 긴 것이 가장 큰 문제"라고 지적했다.

결국 대한민국의 삶에서 행복지수가 낮은 주된 원인이 바로 여기에 있는 것이다. 행복한 삶을 위해서는 일과 생활의 균형이 필요하다는 것에 이의를 제기할 사람은 없을 것이다. 다만 여건이 허락하지 않기 때문이라는 것인데 이는 역시 앞서 말했듯 국가에서 패러다임을 전환하고 장려하지 않으면 바뀌기가 어렵다. 이제는 더 이상 미루지 말고, 정말로 이 악순환의 구조를 끊어야만 한다.

⑧ 노후 | 불안한 노후를 행복한 노후로 바꾸어 가기 위한 노후 행복 진단

전쟁 후에 배고픔을 겪어본 베이비부머 시대가 있다. 가난했지만 그래도 행복했고, 희망이 있었으며 부모를 공경하고, 자식만큼은 배고프게 하지 않기 위해 자신을 희생하면서도 행복하다고 했다.

하지만 이들에게 노후가 사라졌다. 평균 수명이 늘어난 기쁨도 잠시, 은퇴 연령은 짧아졌다. 자식들에게 봉양을 받는 것은 불가능하다. 본인에게 의지만 안 해도 고마운 일이다. 물론 경제적인 여유가 있다면 이 모든 것은 기우이다. 럭셔리 하지는 않아도 적당한 실버타운에서 노년을 보낼 수 있는 사람은 이 땅에서 가장 행복한 노후를 보내는 축에 속할 것이다.

하지만 대부분의 노년 생활은 비루하다. 아직 일을 할 수 있는 연령이지만 직장에서 쫓기 듯 나와 할 수 있는 일이 마땅히 없다. 당연히 오랜 준비기간과 치밀함이 필요한 자영업이 쉬울 리 없다. 평생 일하고 받은 퇴직금으로 자영업에 손을 대도 도산하기가 일수다.

앞서 '가정은 없다'의 상황을 보더라도 건강하게 가계 부채를 줄이고, 저축을 튼튼하게 하는 가정이 과연 몇 퍼센트나 될지 안 봐도 비디오다. 그렇다면 산에 들어가 혼자 약초 캐고 살아야 한다는 답이 나온다. 이 무슨 아이러니한 상황인가. 경제적으로 무능력해진 후에도 가정에서 대우받는 문화는 사라진지 오래다. 젊은 시절처럼 다시 해외로 가서 가족들을 부양할 건강과 체력은 이미 없다.

퇴직하고 난 후 남겨진 시간이 평균 8만 시간 쯤 된다고 한다. 이 시간은 현재 대한민국에서 재앙이다. 혁명이 있지 않고서는 많은 이들이 생지옥을 체험하게 된다. 예전에는 자식농사가 곧 노후 준비라고도 할 수 있었지만 지금은 그 자식이 청년 실업으로 일자리가 없고, 저녁이 없는 삶을 살며 본인도 간신히 버티고 있는 실정이다.

국가에서 노인을 위한 복지를 늘려가긴 하지만 턱 없이 부족하다. 진정한 노년복지는 바로 노년층 일자리인데 그 정책과 추진력이 미미하다. 결국 노후 파산과 황혼 이혼이라는 벼랑 끝으로 대한민국은 달려가고 있다. 그나마 자식이 결혼을 할 때 경제적으로 보탬이 되준 부모라면 그래도 대단한 부모이다. 이 또한 사치스러운 이야기다. 평균 1억 3천만 원이나 되는 결혼비용을 자력으로 부담한 자식에게 경제적으로 어떤 큰 것을 바랄 수 있을까. 그나마도 미혼이 아니라 비혼이 늘고 있는 상황에서 자식에게 기대는 것은 상상도 할 수 없다. 아마 바라지도 않을 것이다.

결국 마땅한 직업이 없고, 은퇴 준비가 안 된 노후는 재앙에 가깝게 된다. 돈이 없는 것이 재앙이 아니다. 미래가 없고, 두려운 것이 바로 재앙이다. 게다가 건강까지 급격히 안 좋아지니 믿는 구석도 사라진다.

필자가 요즘 가장 가슴 아프게 생각하는 기사는 바로 노인 자살이다. 우리나라 노인 빈곤 율은 OECD 1위이고, 노인 자살 공화국이라는 오명을 씻지 못하고 있다. 주요 원인은 앞서 말한 이유들로 인한 우울증일 것이다. 결국 우리나라 경제발전의 주역이자 오늘날 풍요로운 모든 것들을 만들어 낸 노후에게 남은 세 가지는 가난, 질병, 고독이다. 다시 말해 대한민국의 노후는 상상하기가 힘들다.

세계 강대국들에게
배우다

| 세계 강대국들에게 배우다

우리가 세계 역사 속에 일어선 민족들을 살펴보는 이유는 우리도 세계 역사 속에서 우리의 역사를 바라 볼 수 있는 큰 안목을 갖기 위해서다. 세계 여러 나라를 보면서 대한민국의 미래에 대한 균형 잡힌 시야와 가치관을 갖기 위해서이다. 이미 역사 속에서 기여했고, 기여하고 있는 세계 민족들의 장점을 배워서 우리 한국인이 세계 역사 속에 우뚝 서 가는데 자양분으로 삼기 위해서다.

우리는 지금 지구촌 시대에 살고 있다. 인터넷으로 온 세계가 하나로 연결되고, 페이스북과 인스타그램으로 전 세계의 친구들과 실시간으로 연결되는 시대에 살고 있다. 대한민국은 홀로 외딴섬처럼 이 지구촌에서 홀로 살 수 없다. 이제는 지구촌의 모든 나라들과 이웃이 되어 더불어 살아가는 지구촌 공동체의 일원으로서 살아가야 한다. 제3장에서는 이미 세계 역사 속에서 강대국을 이루었었던 나라와 현재에도 강대국으로 살아가는 총 16개 국가를 8개의 영역으로 두 나라씩 묶어서 살펴보았다.

칭기즈 칸 군대는 기마병으로 당대의 무적 군대였다. 영국은 해군으로 해상왕국을 이루어 해 지지 않는 나라 영국을 건설했다. 지금의 미국은 막강한 경제력과 군사력으로 세계 최강국을 이루고 있다.

그러나 미래는 다르다. 미디어 강국이 세계를 제패한다. 미디어 강국, 인터넷 왕국, 문화대국이 세계사의 흐름을 주도한다. 그런 점에서 우리나라는 단군 이래 가장 좋은 기회를 맞고 있다. 지금 우리는 지난 역사에서의 부진과 설움을 딛고 일어나, 세계사의 주역으로 등장할 호기를 맞고 있다. 국운상승기를 맞아 미디어 대국, 인터넷 강국, 문화 대국의 면모를 갖추었기 때문이다. 세계로 뻗어 나오고 있는 한류(韓流)가 그 상징적인 예이고 초고속 광랜으로 인한 인터넷 환경이 예이다. 그러한 의미에서 한국은 이제 세계 속에서 미디어 강국, 인터넷 왕국, 문화 대국으로 세계 역사를 주도해 나가야 한다. 그중에 가장 중요한 힘은 문화의 힘이다.

한국인의 시대가 열릴 것이라는 많은 선각자들의 예견을 뒤로 하고, 현재 대한민국은 앓고 있다. 하지만 필자는 이것이 성장 통이라고 생각한다. 분명 대한민국은 세계를 리드할 유전자를 타고 났다. 그 유전자와 함께 성장하는 과정에서 앓고 있는 것이다. 하지만 고통 중에 있을 때 어떤 생각과 태도를 취하는 가에 의해 성장이 결정되듯 지금 대한민국도 급변하는 정세에서 지혜를 발휘해야 할 때이다. 시간이 없다. 세계 근현대사를 보더라도 강대국들의 출현은 급변하는 시기에 시류를 잘 탔고, 준비되어 있었기 때문이다. 위기를 극복하며 강대국이 된 것이다.

따라서 근현대사에 있어 강대국의 출현과 작지만 강한 나라들에 대해 살펴볼 필요가 있다. 모두들 중국의 급부상을 바라보고 있지만 대한민국은 단지 넋 놓고 바라만 볼 수 있는 입장이 아니다. 바로 '중화주의' 때문이다. 중국은 100년 전 청나라가 멸망하기 이전에는 한반도의 나라를 제후가 다스리는 번국으로 간주했다. 즉 중국 황제에게 복속해야 하고, 마음에 들지 않으면 제후를 교체한다고 생각한 것이다. 이 중화주의가 청이 멸망하면서 사라진 것이 아니다. 감추어진 것이라 할 수 있다. 이 중국 중심의 세계관이 국력이 약했을 때 감추어져 있었지만 지금 중국은 경제력과 군사력이 급부상 했다. 그러니 자연히 드러나기 마련이다.

우리는 지금 사드사태를 통해 확인하고 있다. 정치적인 이야기가 아니다. 중국은 이 사드사태를 비난하며 대한민국의 정권교체 희망의 메시지를 곳곳에서 보내고 있다. 현재 대한민국 정부를 정치적으로 옹호하는 것이 아니다. 당연히 정권교체를 넘어 세대교체와 시대교체가 이뤄져야 한다. 하지만 중국의 내정 간섭은 없어야 한다. 오랜 기간 침략의 상처가 있는 나라이기에 더욱 그러하다.

우리는 어떠한 방향으로 가더라도 국론이 분열 되서는 안 된다. 그것은 중국뿐만 아니라 어쩌면 주변 강대국이 내심 바라는 바일 수 있다. 중국을 적대시 하라는 것이 아니다. 중국은 앞으로 한국이 성장하는데 있어 꼭 필요한 발판이요 협력자다. 대한민국의 성장이 중국을 비롯해 미국, 러시아, 일본 등의 주변 강대국들에게 시너지를 발휘 할 것이라는 비전을 보여 주어야 하는 때이다.

하지만 현재 대한민국은 그렇게 하고 있지 못하다. 한반도의 통일이 주변국의 평화와 안녕에 기여할 수 있다는 막연한 어필을 할 뿐이다. 지금 세계는 경제적으로 위기에 빠져있다. 단순히 통일 뿐 만 아니라 대한민국의 강대국으로의 부상을 통해 오히려 세계 위기의 돌파구를 마련하는 비전을 보여주어야 할 때이다. 그 반대인 최악의 경우는, 대한민국의 남북 전쟁으로 강대국 군수시장의 성장과 세계경기의 돌파구로 마련하는 것이다. 세계대전과 한국전쟁이 그 예이다.

따라서 이 장에서는 근현대 강대국들이 어떻게 일어났는지 살펴보며 대한민국이 강대국이 되기 위해 어떤 지혜를 발휘해야 하는가에 대한 영감을 줄 수 있기를 희망한다. 그리고 강대국 9개의 국가들과 함께 세계 역사상에 중요한 역할을 감당해 왔던 작지만 강한 나라들인 덴마크, 이탈리아, 몽골, 터키, 이스라엘, 스위스, 남아공을 포함했다. 이렇게 모두 16개 국가이다. 이제 21세기 강대국 한국의 꿈을 그려보며 16개국으로의 지혜 여행을 떠나보자.

1 **포르투갈과 스페인** | 끊임없는 도전 정신, 해양시대를 열다.

포르투갈
해양시대를 열다

서기 1500년, 세계무대 위에 제일 강대국을 위한 새로운 열쇠가 던져졌다. 신항로의 개척 그리고 신대륙의 발견. 이후 500년 동안 세계무대의 중심에는 9개의 나라가 등장한다. 포르투갈, 스페인, 네덜란드, 영국과 프랑스, 독일, 일본과 러시아 그리고 미국. 이 9개의 나라는 경쟁과 침략, 혁명과 패망 그 피바람의 역사 속에서 세계의 패권을 노려왔으며, 이 역사는 우리에게 현재와 미래를 위한 교훈을 남겼다. 서기 1500년은 우리가 주목해야 할 진정한 세계사의 시작점이다. 이전의 인류는 서로 단절되어 있었고, 각자 독립된 땅에서 살았다. 어느 누구도 세계의 모습을 정확히 알지 못했으며 모두가 자신이 세계의 중심에 살고 있다고 생각했다.

신대륙의 발견, 분리됐던 세계는 연결되기 시작했다. 나라 간 경쟁이 치열해졌고, 서로 다른 문화가 교류되기 시작했다. 국가간 대륙간의 대결과 전쟁이 일어났다. 그리고 새로운 역사의 서막이 열렸다. 놀라운 것은 이 새로운 역사의 시작점이다. 포르투갈과 스페인, 당시 쟁쟁하던 경제문화의 중심국가가 아닌 유럽 대륙 서남단에 위치한 두 개의 작은 나라, 500년 전 그들은 세계를 호령하는 맹주가 되었고 그들의 세력은 유럽과 아시아를 넘어 아프리카와 아메리카까지 펼쳐진다. 포르투갈과 스페인, 이베리아 반도의 이 작은 두 나라가 한 세기에 걸쳐 바다를 정복하고 세계를 지배 할 수 있었던 그 힘은 무엇인가? 기원 전 11세기부터 서기 11세기까지 2000년 동안 리베리아 반도의 전쟁은 끊일 날이 없었고, 침략자를 향한 저항으로부터 늘 자유로울 수가 없었다.

유럽 대륙 최초의 통일 민족인 포르투갈의 왕권은 국민들에게 강한 귀속감을 느끼게 했지만 강대국으로 성장하기까지 긴 여정이 필요했다. 십만 평방킬로미터의 작은 땅덩어리, 자원부족, 외세 침략

등의 온갖 어려움 속에서 독립한 포르투갈은 그 후로도 200여년 이란 시간동안 있어온 수많은 위기와 거친 역사적 풍파에 시달려야 했다. 최초의 민족국가이자 강한 군주제의 포르투갈의 미래는 이러했다.

포르투갈의 오랜 삶의 터전이던 바다, 이들은 죽음의 바다 대서양으로 눈을 돌렸다. 그리고 그곳에서 해답을 찾는다. 대서양을 향한 신항로 개척은 오랫동안 빈곤하고 낙후된 삶을 살아온 포르투갈의 유일한 희망이었다. 엔리케 왕자^(1394~1460)의 지휘아래 신항로 개척의 긴 여정은 시작 되었다. 당시 유럽은 중세를 지나 르네상스 시대로 접어들고 있었고, 과학과 문화와 사상은 유럽 하늘을 희망으로 비추고 있었다. 엔리케왕자가 12살 되던 1406년 1200년 동안 빛을 보지 못했던 지리학의 새로운 혁명이 일어났다. 그리스 천문학자 포톨레마이어스의 명저서 〈지리학 교정〉이 주목을 받게 된 것이다. 현대의 관점에서 보면 포톨레마이어스의 지도와 책에는 오류가 많다. 유럽, 아시아, 아프리카 이외의 지역은 망망대해, 그리고 적도에는 동식물이 생존하지 않는 것으로 나와 있다. 세계는 정말 포틀레마이어스의 지도와 같았을까? 대서양은 정말 항해가 불가능한 곳일까? 수많은 질문들이 유럽 대륙을 향해서 던져졌고, 이는 지리학과 항해에 대해 불타는 열정을 가진 엔리케 왕자를 자극한다.

이와 동시에 큰 변화를 가져온 것이 있다. 이것은 포르투갈이 새로운 역사의 무대로 나서는 중요한 계기가 됐는데, 그것은 다름 아닌 아주 작은 알갱이 후추였다. 아직도 유럽인들은 그들의 선조들이 향신료에 집착했던 이유를 제대로 설명하지 못하고 있다. 그러나 높은 수익을 얻을 수 있었던 향신료 무역은 아라비아 상인들에 의해서 독점되어 있었다. 급성장한 오스만 제국이 무역 로를 단절시킨 것이다. 유럽은 이 곤경을 벗어나기 위해 종교의 힘과 상업적인 무역 활동, 모든 수단과 방법을 동원하기 시작 했다. 그러나 유럽은 육지에서 전투에 패하게 되고 바닷길을 통해서 향신료를 얻을 수 있는 방법을 모색하게 된다.

포르투갈 최남단에 위치한 작은 어촌마을 서글레스, 이곳은 아직도 황량하기만 하다. 그러나 포르투갈의 역사에 의하면 15세기 이곳은 엔리케 왕자의 적극적인 지지에 힘입어 인류 최초의 국립 항해학교가 설립됐고, 항해를 위한 천문대와 도서관도 지어졌다. 15세기에 세워진 등대는 600년의 비바람을 견디며 여전히 자랑스럽고 굳건하게 세워져있다. 엔리케왕자는 각기 다른 민족뿐만 아니라 다른 신앙을 가진 전문가와 학자들도 받아들였다. 그는 중국 나침반을 개선했고, 사각 돛 한 개를 달았던 유럽 선박을 두 개 혹은 세 개의 돛을 단 빠른 선박으로 개조했다. 길이 20여 미터, 무개 80톤에 달하는 삼각돛을 단 범선이 포르투갈 탐험가의 큰 꿈을 이루게 해준 것이다. 또한 수학자들로 구성된 위원회를 조직해 수학, 천문학의 이론을 항해에 응용하면서 항해술을 진정한 과학으로 발전시킨다. 포르투갈은 아프리카 서해안을 따라 남쪽으로 진출해 아프리카의 황금과 상하, 후추를 리스본으로 들여왔고 국고는 나날이 늘어갔다.

포르투갈이 해양탐색을 벌이는 한 세기동안 영국, 프랑스, 독일,

이탈리아 등은 아직도 폐쇄적인 환경과 전쟁 중이었다. 서글레스에서 평생을 독신으로 살면서 항해 계획에 평생을 바쳐온 엔리케왕자가 1460년 사망한다. 그리고 27년 후 포르투갈 항해 사업을 계승한 주왕2세는 디아스선장에게 대서양 항해를 지시한다. 6개월 항해 끝에 그들이 도착한 곳은 "폭풍의 고지"(주왕2세에 의해 희망봉으로 명명)에 도착한다. 이로써 포르투갈은 꿈에 그리던 아시아를 향한 발판을 마련하게 된다. 새로운 무역항로가 열린다는 것은 이윤이 높은 향신료를 독점한다는 것을 의미한 것이다.

요약하자면 포르투갈은 다른 유럽의 국가들이 폐쇄적인 환경에 있을 때 유럽의 중심국가가 아니었다. 마치 우리 대한민국이 유럽과 미국과 중국과 러시아 일본과 같은 강대국 사이에서 변두리 국가에 있는 것과 마찬가지였다. 이 때 포르투갈은 폐쇄적인 환경 안에 머물러 있으며 서로 싸운 것이 아니라 작은 땅에 자원부족, 외세침략이라는 열악한 환경에서 지리학을 바탕으로 대서양으로 눈을 돌린 것이다. 그리고 엔리케왕자라는 뛰어난 리더와 함께 항해술을 과학적으로 발전시키고 새로운 항로를 개척하며 무역을 통해 강대국이 된 것이다. 우리 대한민국 또한 이 작은 땅 안에서 서로 나뉘어 싸울 것이 아니라 뛰어난 리더와 함께 바다라는 삼면을 통해 세계로 뻗어나가야 하지 않을까 싶다.

스페인
끊임없는 도전을 하다

이 때 막강한 적수 스페인이 나타났다. 스페인은 1492년 1월 2일, 마침내 무어인의 항복을 받아냄으로써 800여년을 끌어온 내전을 종식시키고 통일을 이룬다. 통일을 이룬 이사벨1세는 콜럼부스를 만난다. 콜럼부스는 6년간 포르투갈의 신임을 얻지 못했지만, 스페인 여왕 이사벨1세의 지원으로 1492년 8월 3일 여왕이 제공한 세 척의 배로 출항하여 항해 두 달 만인 1492년 10월 12일, 북아메리카의 바하마군도를 발견한다. 이 날 분리되었던 세계가 하나로 연결되었다. 신대륙을 발견한 것이다. 스페인의 신대륙 발견은 유럽대륙을 뒤 흔들었고, 1492년 10월 12일은 스페인의 국경일로 지정되었다. 그 후 포르투갈과 스페인의 경쟁이 시작되었다. 두 나라는 1494년 6월 7일 리스본 교외의 작은 마을에서 조약을 체결했다. 포르투갈이 동쪽을 갖고, 스페인은 아메리카 대륙을 손에 넣었다. 이 조약은 강대국의 식민지 분할에 있어서 선례가 되었다. 서양의 대륙 확장은 이 조약에서 시작되었다.

1498년 5월, 포르투갈의 바스코다가마는 인도의 코지코드에 도착한다. 탐험의 목적은 기독교전파와 향신료였다. 포르투갈이 동방에서 성공을 거두자 스페인도 재도전에 나섰다. 1519년 9월 20일, 마젤란은 인류역사상 첫 세계 일주에 나선다. 발견된 신항로 덕분에 유럽은 세계를 통제할 수 있는 새로운 열쇠를 거머쥐게 되었다. 치열한 경쟁 속에서 해상 교통의 요지는 포르투갈의 손에 들어갔다.

그들은 대서양에서 인도양 사이의 50여개의 거점을 사용해서 세계의 반에 달하는 무역항을 점령했다. 16세기 초기 5년 동안 포르투갈은 무역의 최강국이 되었다. 이때 스페인의 아메리카 점령은 공격적이었다. 1502년부터 1660년까지 스페인은 전 세계 금, 은 생산량의 80%를 소유했다. 유럽의 세력 확장은 아메리카 대륙의 비극이 되었다. 1570년 전쟁으로 멕시코 인구는 2500만에서 265만으로 감소했다. 페루 인구는 900만에서 130만으로 감소했다. 아메리카 대륙의 원주민인 인디언은 90%가 사라졌다. 스페인은 유럽의 절반에 이르는 천주교 국가를 지배했다. 아시아에서는 필리핀을 정복했고, 아프리카 및 인도양의 섬까지 정복했다.

이베리아 반도의 이런 신화 같은 기적은 어떻게 막을 내렸을까? 강력한 왕권과 광신적인 종교의 지지아래 바다를 정복하고 세계를 얻은 후 파도와 같이 일순간에 밀려온 재물을 종교와 식민지 확장에 쏟았지만, 국가 부흥을 위한 상공업 발전에는 쏟아 붓지 않았다. 식민지 확장에만 힘쓰던 포르투갈과 스페인에 종말이 왔다. 그들은 화려한 세계무대에서 서서히 물러갔다. 귀족들은 사치에 빠져있었지만, 서민들은 의식주조차 해결하지 못했다. 세계 역사상 가장 화려했던 공연은 비극으로 끝을 맺었다.

대한민국 또한 한강의 기적을 일구었다. 하지만 포르투갈과 스페인이 어떻게 막을 내렸는지 늘 반면교사로 삼아야 한다. 소비중심의 문화에서 탈피하여 빈부 격차를 해소하고 늘 새로운 성장 동력을 찾는데 힘써야 할 것이다. 이러한 성장 동력을 통해 얻은 부는 다시 중산층이 재건 될 수 있도록 서비스 산업에 집중 되어야 할 것이다. 그렇지 않다면 포르투갈과 스페인의 비극이라는 전처를 밟을 것이다.

② 네덜란드와 덴마크 | 척박한 땅에서 세계 최고로, 사상가가 함께 했다

 네덜란드
세계를 움직이다

네덜란드는 영국과 바다를 사이에 두고 있는 나라이다. 800여 년 전 그곳에 인간의 흔적은 없었다. 14세기에 와서야 사람이 살 수 있는 나라가 되었다. 이곳이 300년 전 17세기에는 세계 경제의 중심이었고 가장 풍요로운 곳이었다. 그때 인구는 겨우 150만 명, 그러나 네덜란드는 그 세력을 지구 곳곳으로 넓혀갔다. 네덜란드의 건국 스토리는 은백색의 청어로부터 시작된다. 해류의 변화 때문에 매년 북해에서 천만 킬로그램의 청어를 포획했다. 14세기 당시 네덜란드 인구는 백만 명을 넘지 못했다. 그중의 어업 종사인구는 20만 명, 작은 청어가 네덜란드 생계의 1/5를 책임졌다. 1458년 빌렘벤켈소어는 단칼에 청어의 내장을 제거하는 방법을 고안해 냈다. 네덜란드는 빌렘벤켈소어가 고안한 작은 나이프 덕분에 청어 저장 방법을 개발하게 되었다. 청어를 계기로 네덜란드의 무역이 시작된 것이다.

최초로 원양항해를 시작한 포르투갈과 스페인이 무력을 이용해 재물을 약탈했다면 네덜란드는 미약한 왕권과 충분하지 못한 인력 덕분에 자연스럽게 상업 무역을 통해서 재력을 늘렸다. 동시에 자국 국력을 키울 수 있는 탁월한 경쟁방식과 상거래 체계의 노하우를 쌓아갔다. 무역중개인, 대리인, 가공업자와 판매상 역할을 했던 네덜란드는 포르투갈과 스페인에서 많은 향신료와 비단 황금을 싣고 나와서 유럽 각지에 팔았다. 귀향 할 때는 포르투갈과 스페인, 폴란드의 밀, 스위스의 철기, 핀란드의 목재 및 네덜란드가 생산한 해군 보급품을 가져와 거래를 했다.

그러나 네덜란드 상인들은 높은 이윤을 가져다주는 무역시장에서 영국의 도전을 피할 수 없다는 것을 깨닫는다. 그 당시 영국의 면적은 네덜란드 보다 세배가 넓었고 인구는 다섯 배가 더 많았다. 대서양의 섬나라였던 영국은 네덜란드보다 지리적 조건 또한 유리했다. 네덜란드가 영국을 이길 수 있는 능력은 최저비용의 선박제작 능력 덕분이었다. 네덜란드는 화포가 없는 화물 운송 배를 제작한다. 획기적인 선박설계로 네덜란드는 세계가 인정하는 "바다의 마부"라는 호칭을 얻는다. 그보다 더 중요한 승부의 관건은 선박을 지휘하는 선장에 달려있었다. 네덜란드 상인들은 신용을 담보로 16세기말 해상무역을 독점했다. 무역이 성장함에 따라 도시는 거래시장, 화물저장 창고, 선박유지 보수 공장의 역할을 하게 되었고 네덜란드는 점차 성장해 갔다.

그 후 네덜란드인들은 "이 나라를 누가 다스리고 통치해야 하는가?"를 진지하게 고민하기 시작한다. 1581년 오렌지공 빌렘의 지휘하에 7개주 자치연합을 시작했고, 네덜란드 연방 공화국이 탄생했다. 이것은 상인 계층에게 충분한 정치권력을 부여한 세계 최초의 국가였다. 네덜란드인들은 상인의 능력을 기반으로 자신들의 힘만으로 원양항해의 항로를 개척한다. 자신들의 힘만으로 아시아와 아메리카 항로를 개척한다.

1602년 네덜란드는 동인도회사를 설립한다. 동인도회사는 분산되어있던 국민들의 돈을 세력 확장을 위한 자금으로 모으는데 성공한다. 동인도 회사는 5년 이라는 짧은 기간 동안 매년 50척의 새로운 선박을 파견했다. 1609년 세계 역사상 최초의 주식 거래소가 암스테르담에 생겼다. 자금유통이 막히는 것을 해결하기 위해서 암스테르담 은행도 생겼다. 네덜란드는 현대 경제제도의 창시자나 다름이 없다. 은행, 증권거래소 등 금융체제가 폭발적 자금증가를 가져온 것이다. 17세기 중엽 네덜란드의 국제 상거래 패권은 이미 확고해졌다. 동인도 회사는 이미 15000개 이상의 지사를 설립했고, 무역거래 총액이 전 세계 거래 총액의 절반을 차지했다.

네덜란드기를 달고 만 여척의 상선이 세계 5대양을 순항했다. 동아시아에서 그들은 타이완을 점령했고, 일본의 대외무역을 독점했다. 동남아의 인도네시아를 식민지로 점령했고, 자카르타를 거점으로 삼았다. 그들은 포르투갈로부터 신항로의 요새인 희망봉을 빼앗았다. 오세아니아에서는 네덜란드의 주 명칭을 뉴질랜드의 국가 이름으로 사용했다. 남아메리카에서는 브라질을 점령했고, 동인도 회사는 북아메리카의 허드슨강에 뉴암스테르담을 건설했는데 그것이 바로 뉴욕이 되었다.

세계를 통치하는 상업 무역공화국이던 네덜란드는 17세기 무역을 통해 거대한 재물을 쌓았지만, 그 재물은 왕과 귀족을 위한 궁전을 만드는 데는 낭비하지 않았다. 중산층 상인들의 안락한 주택을 짓는데 쓰였다. 네덜란드인의 상거래법칙은 여전히 전 세계에 영향을 주고 있다.

그렇게 발전해가던 네덜란드는 아브라함 카이퍼같은 사상가의 노력에 의해서 국가의 기반이 반석에 놓이게 된다. 아브라함 카이퍼 (Abraham Kuyper, 1837~1920)는 네덜란드가 배출한 19-20세기 최고의 세계 지도자 중 한사람이다. 그는 목사, 교수, 언론인, 정치가, 사상가로서 칼뱅주의 전통을 이어받아 정통적인 기독교 신학을 계승 발전 시켰을 뿐 아니라 적극적인 사회참여로 네덜란드를 개혁시킨 실천적인 기독교인 이었다. 그는 자유주의가 온 유럽을 휩쓸고 횡횡하던 때에 네덜란드에서 태어나, 오직 하느님만이 이 세상의 유일하고도 완전한 주권자임을 선포하고 일생을 바친 신앙인이었다.

당시 유럽은 대학살을 몰고 온 프랑스 대혁명과 나폴레옹 전쟁의 거대한 소용돌이를 막 지나가고 있었다. 그 어지러운 시기에 두 개의 사상이 등장했으니, 곧 마르크스의 사회주의와 낭만주의 시대의 자유주의 신학이었다. 유럽의 주요 대학은 인간이 스스로 진리를 찾을 수 있고, 하느님 없이 문제를 해결 할 수 있다고 믿는 합리주의와 인본주의에 빠져 들었다. 합리주의와 인본주의는 신학교에도 만연했다. 아브라함 카이퍼가 목회자가 되기로 결심했을 때, 그는 예수는 인간 일 뿐이고 성경은 신화의 모음집일 뿐이라고 가르치는 네덜란드의 신학교에 갈 수 밖에 없었다. 카이퍼는 신학공부를 마치고 처음으로 교회에서 사역할 때, 그는 평범한 성도들의 신앙이 부러웠다. 결국 그는 같은 교회 교인의 전도로 진정한 크리스천이 되었다.

카이퍼는 그의 지성과 초인적인 체력을 발휘해서 교회가 성경의 기초로 돌아가야 한다고 주장하기 시작했다. 그는 1867년 위트레흐트에 있는 큰 교회의 목사직을 맡았다. 그는 교회에서 전임사역자로 일하면서 신문에 정치, 종교 칼럼을 썼다. 결국 그는 주간지와 일간지의 편집장으로 40년간 일했다. 그는 교육자이자 학급 교사였고, 정치 활동가였으며, 국회의원이었으며, 나중에 네덜란드의 수상이 되었다. 그는 수상직을 제외한 모든 활동을 수십 년간 계속했다.

네덜란드 강대국으로의 길을 요약하자면 결국 청어, 선박제도, 금융, 중산층 부흥, 그리고 카이퍼이다. 척박하고 열악한 환경에서도 청어와 같은 신기술은 대한민국에게 어떤 것일까? IT일수도 있고, 문화일수도 있다. 그것이 무엇이건 새로운 기술이 동력이 되면 주위의 산업의 발전에 큰 영향을 미치며 함께 성장하는 것을 배울 수 있다. 그리고 무엇보다도 사상가가 필요하다. 종교를 이야기 하는 것이 아니다. 큰 사상과 철학을 바탕으로 미래를 설계할 설계자가 절실한 것이다.

덴마크
척박한 땅에서 그룬트비의 삼애정신으로 일어나다

네덜란드에 카이퍼가 있었다면 덴마크에는 그룬트비의 정신이 있다. 덴마크 건국의 사상적 지도자로 일컬음을 받는 그룬트비를 알게 된 것은 군 생활을 하던 때였다. 카이다아닝이 지은 그룬트비의 자서전을 정원식이 번역한 책을 통해서였다. 아마 국내에 소개된 그룬트비에 관한 유일한 책이라고 생각된다. 그룬트비의 일생을 통한 업적을 한마디로 평한다면 "덴마크 국가 전체를 하느님의 산 말씀으로 만드는데 성공했으며 동시에 덴마크의 증언으로 전 세계가 하느님의 산 말씀으로 변화되기를 소망한" 일평생이었다. 이 또한 단순히 종교에 대한 이야기가 아니라 사상가에 대한 이야기로 받아들였으면 한다.

그룬트비가 국민을 위하여 각성하고 믿음과 사상을 불어 넣을 당시 덴마크는 폐허가 된 상태였다. 덴마크는 전 지역이 돌멩이가 밀려와 쌓인 곳이며 땅이 진흙이며 전 면적의 5분의 1은 모래밭이었다. 이러한 상태에서 그룬트비는 "하느님을 사랑하자, 이웃을 사랑하자, 땅을 사랑하자"라는 구호를 내걸고 이 박토를 개척해서 세계에서 제일 살기 좋고 아름다운 나라로 만든 것이다. 이것이 바로 3애정신이다.

그룬트비를 배울 수 있는 점은 국가를 진심으로 사랑하는 애국정신이었다. 그룬트비는 국회에서 아무 정당에도 속하지 않은 1인 1

당적이었다. 그는 국방의 의무, 선거권, 신앙 언론 출판 집회 등의 자유를 위하여 지도적인 발언을 하였으며 전쟁과 평화에 대하여 언제나 지도적 언론을 전개하였다. 그리고 강제 징병제도에 대하여는 강렬한 반대를 표명하며 자유의지를 존중하고, 애국심에 호소하여, 조국을 위한 의용군을 편성하는 것이 더욱 강하다고 주장하였다.

1886년 그룬트비는 83세로서 다시 의장단에 서서 다음과 같이 연설하였다. "나는 처음 의회 때에도 최 연장자로서 인사한 일이 있었지만 이래 18년간 각종의 개혁이 수차 진행되어 언론자유, 출판자유 등이 성취된 것을 감사한다. 내가 기뻐하는 것은 자유가 죽었던 옛날의 덴마크가 지나가고 자유가 살아있는 새로운 덴마크가 된 일이다. 무엇보다 이 일이 감사하다." 그룬트비는 덴마크주의자였다. 그것은 덴마크인은 덴마크적인 최선의 것으로써 다른 모든 나라 사람들에게 공헌하자는 것이었다.

오늘날 덴마크는 세계 행복지수 1위의 국가가 되었다. 한마디로 국민들이 휘게라이프(Hygge Life)의 삶을 살고 있다. 의미는 편하게, 함께 따뜻하게이며 어원은 노르웨이의 웰빙(wellbeing)에서 왔다. 이런 방식은 '친밀감을 자아내는 예술', '마음의 안락함', '짜증스러운 일이 없는 상태', '마음을 편안하게 해 주는 것들을 즐기는 일' 등으로 나타난다. 특히 사랑하는 사람들과 함께 있는 느낌과 관련이 있다. 집에 머무는 느낌, 안전한 느낌, 세상으로부터 보호받는 느낌 등이다.

덴마크 역시 척박한 땅에서 사상과 철학을 바탕으로 한 지도자가 헌신함으로써 이런 나라를 세웠다. 우리 대한민국 역시 척박한 환경 속에 놓여있는 지금 그런 지도자가 절실한 때가 아닌가 한다. 그런 지도자와 함께 정신을 회복하고 함께 가장 한국적인 최선의 것으로써 대한민국을 살리고, 다른 모든 나라 사람들에게 공헌해야 할 때이다.

⑧ **프랑스와 영국** | 혁명의 힘, 혼돈에서 일어서다

프랑스
혼돈에서 일어나다

프랑스는 300년 전 루이14세라는 강력한 왕권을 바탕으로 한 시기를 통제해왔고, 나폴레옹은 군사력을 통해 전 유럽을 지배했다. 19세기 그들이 지배해온 해외식민지는 영국 다음으로 많았다. 이러한 프랑스에서 근대 세계에 영향을 미치는 계몽운동이 일어났다. 그러면 프랑스는 어떠한 힘으로 역사 속에서 자신만의 모습을 그려왔는지 살펴보자. 1769년 7월 14일 무장한 파리 시민들이 바스티유 감옥을 공격했다. 왕권의 상징인 바스티유 감옥을 공격한 것은 독재통치를 뒤엎겠다는 의미였다. 프랑스 대혁명이었다. 눈 깜짝할 사이에 프랑스의 최고 권력은 국왕으로부터 국민의회로 넘어갔다. 국민의회는 바스티유 감옥을 공격한지 120일 만에 절대왕정을 무너뜨렸다.

베르사유 궁전은 루이 14세가 절대왕권을 유지하던 무대였다. 루이14세가 말한 '짐이 곧 국가다'라는 말의 의미는 왕이 나라를 대표하고, 왕이 나라를 통치하고, 왕이 바로 국가 정신의 구체적인 산물이라는 점 이었다. 강력한 대통령제도 이런 모습에서 따 온 것이다. 유럽의 통치를 위해서 31년간 전쟁을 치른 루이14세 시기에 국가 재정에 파탄이 왔고, 루이 14세 말기에는 군주 독재의 시스템이 쇠퇴하고 있었다.

1789년 8월 26일 '인간과 시민의 권리선언'이 채택된다. 17조로 된 인권선언문은 '인간은 누구나 태어나면서부터 자유롭고 평등하며 재산권도 신성한 것으로 절대 침범할 수 없다'고 선언하고 있다. 1789년 8월 파리에서 시작된 자유, 평등, 박애의 정신은 전 유럽에 울려 퍼졌다. 프랑스 인권선언은 유엔헌장으로 반영되었고, 세계문화유산으로 지정되었다. 또한 프랑스에서 일어난 계몽사상은 장기적인 국가 발전의 토대가 되었다. 계몽사상은 과학과 이성의 문을 열었다. 볼테르는 '인류로 하여금 문명은 자유였음'을 깨닫게 했다. 루소는 '사회계약은 국민의 공동의지에 의해 결정된다.'고 했다. 루소와 볼테르가 사망한지 10년 후에 프랑스 혁명이 폭발한 것이다.

그 후 프랑스는 드골시대에 다시 전성기를 누리게 된다. 식민지 알제리의 자결권을 체결하고, 독일과는 화합을 꾀한다. 오늘날까지 프랑스는 국제적 영향력을 행사하고 있다. 계몽사상을 이어받은 프랑스는 점차 대국의 길을 밟아 나가게 된다. 200년간 프랑스를 만들어온 볼테르, 루소 등 72명의 사상가들은 판테온에 안장되어있다. 판테온에 모신 사람들은 프랑스를 만든 사상가들이었다. 사상과 문화에 대한 존중이 바로 프랑스를 강대국으로 만든 힘이었다.

얼마 전 천만 명의 국민들이 광화문 광장에 모여 촛불 시위를 하는 모습에 프랑스의 대혁명이 생각이 난 이유는 무엇일까. 우리 대한민국도 민주화와 산업화를 이루었다. 하지만 프랑스가 나폴레옹 이후 드골시대 전까지 겪었던 진통을 우리 대한민국도 겪는 지금 판테온에 안장된 72명의 사상가들과 같은 많은 사상가들이 나오고, 계몽사상과 문화에 대한 존중을 바탕으로 강대국이 되어야 할 것이다. 이제 4차 산업혁명이 진행되는 현재, 우선 사상과 문화를 바탕으로 한 진정한 2차 혁명이 필요한 때이다.

영국
현대화의 선봉에 서다

작은 섬나라 영국은 세계 근대사에서 특별한 위치를 차지한다. 영국은 가장 먼저 현대사회로 진입했다. 19세기말 영국의 식민지가 전 세계에 퍼져 있었고, 전 세계 3억 이상의 인구를 통치했다. 영국은 스스로를 태양이 지지 않는 나라로 불렀다. 바다위의 작은 나라가 거대한 능력을 키워 세계를 지배하던 그 힘은 무엇이었을까?

25살에 왕위에 올라 평생 영국을 통치한 엘리자베스 여왕이 영국을 강대국으로 만들어 갔다. 새로운 세계의 승자는 해상의 승자였다. 엘리자베스 여왕은 그 기회를 놓치지 않았다. 강한군주제는 영국을 발전시켜갔다. 1600년에는 인구가 20만을 넘으면서 런던은 유럽 최대의 도시가 되었다. 엘리자베스 시대에 세익스피어는 37편의 작품으로 16세기 최고의 사상을 이끌었다. 엘리자베스 여왕은 왕권의 기초가 영국 민족에게 있다는 것을 알았다.

윌리엄 1세 시대부터 영국의 정통 왕조가 계승되었다. 봉건제도 초기에는 국왕과 귀족은 각자의 의무와 권리를 잘 이행했다. 13세기 초 왕의 지나친 세금 인상과 전쟁에서의 실패로 결국 귀족과 왕은 협약을 체결한다. 군주의 권력에 제동을 건 최초의 헌장이었다. 대헌장은 영국인들에게 법제와 계약의 힘을 심어주었다. 대헌장의 법제원칙이 세워진 후 21년 후에 의회 제도가 탄생한다. 45년간 영국을 통치한 엘리자베스 여왕은 왕권과 의회의 균형을 이루면서 국가의 발전을 이루었다.

영국인은 1688년 명예혁명의 방식을 통해서 왕권에 종지부를 찍게 된다. 의회는 주도적인 작용을 했다. 국왕이 의회에 의해 결정되는 과정을 통해서 입헌군주제를 수립해 나간다. 100년의 시간동안 스페인과 전쟁에서 승리를 거두고 명예혁명을 이루면서 영국은 서서히 100년의 정비를 마치고 세계무대에 강국으로 등장하기 시작한다. 스페인과 포르투갈을 물리치고 네덜란드까지 물리친 영국은 강력한 유럽 최강의 해군을 만들면서 그들의 힘은 전 세계로 뻗어 나가게 된다. 세계의 중심을 향해 한발 한발 나아가던 영국은 다음 두 세기 동안 전 세계를 호령하게 된다.

300년 전 18세기가 도래할 쯤 영국은 산업혁명으로 혁신적인 생산체계를 세워가고 세계 제일의 산업 국가를 만들어간다. 영국은 세계최초의 공업화 개국이었다. 빠른 속도로 생산해 내기위해서 영국은 점차 산업혁명의 시대로 접어 들이 시작했고 현대공장의 탄생을 가져왔다. 기계를 돌리는 동력을 만능 증기기관이 제임스 와트와 볼튼에 의해서 발견된다. 특허보호를 통해서 영국은 발전의 준비를 갖추어 갔다. 영국은 세계 최초로 특허 보호법을 실시했다. 사람들은 신기술과 발명에 전념하기 시작했다. 1773년 러시아로 떠나려던 와트를 볼튼이 말렸다. 볼튼과 와트가 손잡고 증기기관을 발견한 것이다. 이런 와트와 볼튼을 통해서 증기기관이 탄생한 것이다.

그리고 뉴턴이 등장하면서 과학 시대가 열렸다. 인류에게 자신감을 가져다 준 것이다. 과학자로서 뉴턴은 최고의 영예를 누렸다. 뉴턴이 죽은 지 1727년, 과학의 거장 뉴턴이 죽자 웨스트민스터 묻힌 최초의 과학자가 되었다. 국가가 국가를 빛낸 과학자에게 주는 최고의 영예였다. 1765년 뉴턴이 죽은 지 30년이 지난 후 최신의 증기기관이 와트에 의해 완성된 것이다. 기초과학의 승리라고 할 수 있다. 앞서 말했듯 와트는 산업혁명의 지평을 열었고 산업 혁명의 대부로 추앙받는다. 18세기 말부터 증기기관의 발명으로 영국을 발전하게 한 것이다.

50세가 된 경제학자 아담스미스는 1776년 〈국부론〉을 출간한다. 아담스미스는 보이지 않는 경쟁에 움직인다는 경제 원리를 〈국부론〉에서 이야기 하였다. 보이지 않는 손인 "시장의 수요와 공급의 원칙"에 의거해서 새로운 사회와 국가 경제의 이익을 증대시킨다.

국부론에서 제시한 원칙은 시장의 수요 공급의 원칙이다. 뉴턴이 과학 지식으로 산업혁명의 열쇠를 쥐었고, 와트는 산업혁명의 문을 열었고, 산업혁명의 추진을 위한 새로운 경제 질서를 만들게 된 것이었다. 아담스미스의 이론으로 자유주의 경제 체제가 형성된다. 경제의 자유화 정책과 함께 영국의 상표는 전 세계를 정복해 갔다. 이때부터 영국은 세계 최대의 강국으로 부상했다.

우리 대한민국 또한 국회를 비롯해 정치 시스템을 확립하는데 진통을 겪고 있다. 강력한 대통령제도 이제 막을 내릴 때가 되었다. 개헌에 대한 목소리가 높아지고 있다. 이러한 때에 우리는 반드시 의회 민주주의를 확립하고, 경제의 민주화를 달성해야 한다. 그리고 기초과학과 인문학을 바탕으로 대한민국을 굳건히 해야 한다.

현재 대한민국의 심각한 문제는 기술과 자본의 유출, 즉 국부의 유출이다. 러시아로 떠나려던 볼튼을 설득하고 와트와 볼튼이 만나 증기기관을 발명한 것처럼 우리 대한민국도 국부의 유출을 막고, 기초과학과 인문학을 바탕으로 토양을 튼튼하게 해야 한다. 영국의 산업혁명과 같이 우리도 한강의 기적 이 후 제 2의 혁명이 필요한 때이다.

◢ 스위스와 독일 | 평화의 모델, 통일의 모델

독일
세계제국을 이룬 독일, 통일의 모델을 보여주다

독일은 유럽중부에서 가장 큰 나라이다. 고전음악에 흠뻑 젖어 있으며, 고전 철학의 이성이 밝게 빛나고 있는 땅이다. 이곳은 제2차 산업 혁명의 발원지이자 현대 대학과 과학 기술의 발명이 시작된 나라이다. 엄청난 파괴력을 발휘한 세계대전의 발원지로 그들은 전 세계에 엄청난 상처를 입혔고 자신의 나라에도 상처를 남겼다. 이모든 것은 오래된 분열의 역사와 전쟁에 대한 기억으로부터 시작된다. 통일과 강대함은 독일 발전의 최대의 동기였다. 국가 통일을 위해서 달려온 독일의 땅에서는 근 200여 년 동안 어떤 희극과 비극이 있었던 것일까?

지난 100여 년 동안 독일은 전쟁터였다. 1648년 패권전쟁을 치른 뒤 독일의 분열 국면을 확정지었다. 1806년 나폴레옹이 침입했을 때 대항할 힘이 없었다. 1814년 나폴레옹이 패한 후 독일연방이 탄생한다. 그러나 주변국들은 독일이 하나로 통일된 나라로 존재하는 것을 원치 않았다. 역설적으로 나폴레옹의 침공 때문에 통일 독일에 대한 열망을 키워나가게 되었다. 독일이 통일을 실현해 가는 동안 가장 활발한 활동을 한 사람은 경제학자 리스트였다. 전쟁을 통해서 나라의 통일을 이루어 오던 19세기에 경제통일을 먼저 이루고 정치통일을 이루어 가자고 한 리스트의 생각은 탁월한 생각이었다. 리스트는 독일이 강대국으로 가려면 내부 연방들 사이에 있는 관세를 폐지하고 먼저 경제 통일을 이루어야 한다고 주장했다. 독일의 경제 융합은 얼음 밑의 계곡물처럼 조금씩 모이기 시작했고 끝내 얼음이 녹는 봄을 맞이하게 된 것이다.

독일의 통일을 위해서 정치적 리더십으로 중요한 역할을 한 사람은 비스마르크였다. 비스마르크는 군사력을 강행해서 통일을 이룰 수 있다고 했다. 비스마르크는 지식인이자 역사 감각이 뛰어난 사람이었다. 또한 탁월한 외교력으로 주변 국가들의 협력을 이끌어냈다. 외교적 정치적 지혜를 활용해서 비스마르크는 주변국들에게 승리하고 독일 통일을 이루게 된다. 통일을 이룬 독일은 프랑스를 앞지르면서 미국과 일본에 이어 세계 3위의 경제대국으로 성장한다.

독일 국민들은 교육을 병역의 의무만큼 중요시 여겼다. 빌헬름 3세는 전 국민에게 교육을 의무화하고 교육과 과학을 융합한 훔볼트 대학을 설립한다. 베를린 훔볼트 대학 복도 벽에 걸려있는 29명은 모두 노벨상을 받은 교수들이다. 독일에서 교육, 철학, 과학은 중요한 역할을 했다. 훔볼트가 창립한 베를린대학이 대표적인 예이다. 지식이 독일의 가장 큰 자원이 된 것이다. 그 후 독일의 창조 과학의 성과는 놀랍게 발전했다. 과학과 교육을 기반으로 한 발전은 비스마르크의 정책이었다.

비스마르크가 물러나고 빌헬름2세가 통치하게 되었는데 유럽에서는 불안한 기운이 일어났고 독일은 제1차, 2차 세계 대전의 발원지가 되었다. 하지만 과거의 어두운 역사를 받아들이고 역사의 책임을 성실하게 받아들인 덕분에 독인은 세계의 품으로 돌아왔다. 1990년 10월 3일 41년간 분단의 아픔을 겪었던 독일은 통일이 되었다. 평화적으로 통일을 이룬 독일은 유럽 연맹의 주요 국가로서 비약적인 성장을 이루면서 통일을 향해서 가고 있는 한국에게는 통일의 이정표가 되고 있다.

한국은 독인만큼 교육에 대한 열기가 대단했다. 가난을 대물림하지 않기 위해서 못 먹어도 자식 교육에는 아끼지 않았고, 성실하게 일했다. 그렇게 한강의 기적을 이루었지만 여전히 한국은 통일이 되지 않았다. 그리고 여전히 노벨 과학상과 노벨 문학상을 수상하지 못하고 있다. 이 부분에 바로 시사점이 있다.

독일은 우리 대한민국처럼 주변 강대국들이 통일을 원하지 않는 환경을 갖은 나라였다. 그럼에도 불구하고 비스마르크와 같은 리더가 나타나 통일을 이루고, 교육과 철학, 과학을 바탕으로 중심 국가들 사이에서 강대국으로 성장했다. 그리고 그 중심에는 대학이 있었다. 따라서 우리 대한민국도 정치적 리더십 다음으로 대학들의 리더십이 필요하다. 대학들이 입시 제도를 통한 줄 세우기가 아닌 진정한 인재를 키워내는 인문학으로 인재를 키워내는 대학으로 통일 한국에 앞장서야 할 것이다.

스위스

평화의 모델을 보여주다

　스위스에는 존 칼뱅의 정신이 있다. 국제예수전도단 창립자 로렌 커닝햄은 [열방을 변화시키는 하느님의 책]에서 '최악의 도시를 최상의 도시'로 변화시킨 존 칼뱅에 대해 기록하고 있다. 스위스는 정말 전 국토가 그림처럼 아름다운 나라이다. 그러나 우리가 1530년대의 제네바를 방문한다면 먼저 거리의 악취를 발견할 것이다. 당시 제네바는 유럽에서 가장 악취가 심한 도시로 알려졌다. 제네바 거리는 무너져가는 성벽과 쓰레기, 인분으로 뒤덮였고, 토사물과 상한 포도주 냄새로 가득 찼다. 주변에 걸어 다니는 사람들을 보면 소지품을 주의해야 한다는 생각이 들 정도였다. 제네바는 범죄자, 정치 난민, 용병, 간첩, 창녀, 빈민들로 넘쳐났다. 중세에는 모든 도시가 가난하고 악취가 심했지만, 제네바는 특히 더 심했다.

　그 끔찍했던 도시가 어떻게 이처럼 번영했을까? 범죄와 부패가 만연했던 그곳이 어떻게 국제 외교계의 십자로이자 인도주의 단체와 국제기구의 본부가 밀집한 곳이 되었을까? 교육의 기회조차 주어지지 않던 그곳이 어떻게 전 세계 상류층 자녀들이 유학을 가는 곳으로 바뀌었을까? 어떻게 이 작은 도시가 적들이 만나 중요 조약을 체결하는 장소로 바뀌었을까? 어떻게 이 나라와 도시는 지난 3세기 동안 전쟁을 피할 수 있었을까? 우리 대한민국은 앞으로 잘살고 못사는 이유를 스위스, 특히 존 칼뱅에 의해서 이루어진 제네바를 통해서 배울 수 있다.

제네바의 변화는 존 칼뱅(John Calvin)에 의해서 시작 되었다. 그는 하느님을 믿으라고 설교했다. 그러나 그는 거기서 멈추지 않았다. 마을을 돌아다니면서 사람들을 체계적으로 가르쳤고, 설교를 통해 사회를 개혁하기 시작했다. 여러 세기 동안 제네바에서는 교회와 귀족들이 모든 특권을 누렸다. 평민들은 자신의 삶에 대해 결정권이 없었다. 그러나 제네바는 독립하여 도시국가가 되었다. 시민들은 더 이상 교회와 귀족의 지배를 받지 않아도 되었다. 칼뱅과 그의 동지들은 성경을 연구했고, 사람들에게 그것을 가르치기 시작했다. 그들의 목표는 하느님 말씀에 기초한 나라를 세워 유럽의 다른 도시에 모범을 보이는 것이었다.

칼뱅은 개인의 책임과 직업이 곧 예배라고 가르쳤다. 과거에 교회는 거룩한 것과 세속적인 것을 구분하면서 교회만이 거룩하고, 따라서 부정한 세속의 일상을 피해야 한다고 가르쳤다. 그런 가르침 때문에 사람들은 세상은 무조건 더러운 곳이고, 깨끗해지려면 주일마다 교회에 가서 '영적인 목욕'을 해야 한다고 생각했다. 그러나 종교 개혁자들은 삶을 거룩한 부분과 세속적인 부분으로 나누지 않고 전체로 묶어서 보았다. 예배는 주일에만 드리는 것이 아니다. 평일에 성실하게 일하면 이것 또한 주님께 드리는 예배가 된다고 주장했다.

이런 종교 개혁가들의 사상은 빠르게 퍼졌다. 칼뱅이 주일에 설교를 하면 이는 소책자로 제작되어 유럽 전역에 보급됐다. 그의 설교는 삶의 전 영역을 다루었다. 종교 개혁가들은 가정을 돌보고, 술 취하지 말고, 열심히 일하며, 재정적으로 책임을 지고, 십일조를 내고,

미래를 위해 저축해야 한다고 가르쳤다. 시의회는 칼뱅의 가르침을 시의 정책으로 받아 들였고, 제네바에서 그의 가르침은 법과 같은 권위를 지녔다.

독일의 경제학자 막스베버는 [프로테스탄티즘의 윤리와 자본주의 정신, The Protestant Ethic and Sprit of Capitalism]에서 서구국가의 번영은 제네바에서 시작되었으며, 그 결정적인 원인은 칼뱅이 제네바에서 전한 가르침이라고 말했다. 칼뱅은 하느님 말씀에서 다양한 경제 원리를 찾았다. 그는 은행가에게 고리대금업자처럼 높은 이율을 부과하지 말라고 가르쳤다. 그는 이율을 4%로 제한했는데, 이것은 돈을 빌려주는 사람은 이익을 얻고 빌리는 사람은 이자의 부담 없이 사업을 시작 할 수 있는 수준이었다. 칼뱅이 정한 4% 이율은 스위스에서 4세기 동안 유지 되었다. 이것은 즉각 경제에 영향을 미쳤고, 제네바와 스위스는 번영하기 시작했다.

결과론적으로 칼뱅의 스위스 제네바에서 시작한 개혁은 단순한 종교 개혁이 아니라 스위스를 강대국으로 만들고, 오늘날 자본주의에 큰 영향을 미치고 서구 국가의 번영을 이룬 것이다.

우리 대한민국에도 칼뱅이 스위스 제네바에서 실천했던 종교개혁처럼 사상과 철학을 바탕으로 한 사회개혁이 필요하다. 칼뱅의 눈에 그랬던 것처럼 소비 중심주의가 활개를 치고, 고금리의 대부 업이 성행하는 대한민국이 정상적으로 보이지 않는다. 따라서 보다 대한민국이 강대국이 되기 위해서 윤리적으로 경제의 민주화를 달성해야하고, 제 2의 정신 혁명이 필요한 대목이 바로 여기에 있다.

⑤ **러시아와 미국** | 고도성장과 초강대국의 힘

러시아
강대국을 향한 긴 항해를 떠나다

유라시아 대륙 북부의 광활한 대지, 이곳은 세계 최대의 국토를 보유한 나라 러시아다. 수세기 동안 이 땅에 살아온 이 민족은 세계 무대에서 특별한 역할을 해왔다. 그들의 군주는 학생의 자세로 유럽 강국들과 현대화의 보조를 맞춰 나가기 위해서 스승을 찾아다니기도 했고 전통적인 군주 통치제도와 강력한 군사력을 바탕으로 유럽 아시아 아메리카 3개 대륙에 넓게 퍼진 대제국이 되었고, 유럽의 중재자로 횡포를 부리기도 했다. 18세기 초부터 시작된 러시아의 황제 차르가 주도하는 개혁은 이 대국의 운명을 끊임없이 변화시켰다. 그들은 재난 후에 강해지고 정상의 자리에서 좌절을 겪었다.

1698년 10월 역모를 주도한 1000여명의 병사들이 처형되었다. 이 참혹한 형을 집행한 사람은 러시아의 역사상 가장 유명한 표트르 대제였다. 1년 전 표트르는 자신의 신분을 속이고 네덜란드로 유학을 떠났다. 1697년 8월 네덜란드에 조선술을 배우기 위해 러시아 유학생이 왔다. 그들 중에는 손재주가 뛰어났던 차르 표트르 1세가 있었다. 표트르는 네덜란드 외에 스웨덴과 프로이센과 오스트리아, 영국 등에 건너가 주변의 모든 것들을 배우고 탐구했다. 표트르의 이런 행동은 러시아에 큰 파문을 가져왔다.

표트르 1세는 모든 일정을 제쳐두고 개혁을 추진해 나갔다. 그는 일평생 개혁을 위해 자신을 바쳤다. 1725년 표트르 1세가 사망한다. 그는 러시아를 개혁으로 이끌었지만 민족과 역사는 단절시켰다. 표트르 사후 30년간 6명의 차르가 등극했지만 표트르만한 차르는 없었다. 모든 개혁을 멈추고 수도는 다시 모스코바로 옮겨왔다.

그러나 예카테리나 2세가 여제로 등극하면서 표트르 1세의 업적을 계승해 간다. 예카테리나 2세가 러시아를 통치할 무렵 유럽에는 계몽사상이 왕성할 때였다. 1775년 예카테리나 2세는 도시마다 4년제와 2년제 학교를 세운다. 1767년 자신의 개혁 중 가장 중요한 개혁인 유럽의 법전을 러시아에 들여오는 일을 했다. 자유와 인권을 표방해 개혁을 시도하던 예카트리나2세는 공업화와 농노화의 갈등을 겪게 된다. 여제는 표트르처럼 러시아를 진정으로 변화시키지 못한다. 그러나 34년 통치동안 초대제국을 만든다.

1814년 알렉산드르 1세는 파리에 들어가 유럽 중재자의 맹주가 된다. 크림전쟁에서의 실패는 서유럽과 많은 격차가 있음을 깨닫게 되었다. 그리고 산업화의 장애가 되는 농노제를 폐지하게 된다. 당시 톨스토이는 서유럽의 산업화에 따른 많은 갈등을 보면서 러시아의 새로운 길을 모색하게 된다. 이 시기에 톨스토이, 도스토예프스키 등의 사상가를 배출하며 스스로 사상으로 자신을 통찰하게 된다. 그러면서 러시아는 20세기로 접어든다. 도스토예프스키는 "진정 위대한 민족은 세계무대에서 조연이 아닌 주연을 연기하는 것이다. 위대한 민족은 세계역사에서 유일무이한 역할을 맡아야 한다."고 했다. 2세기에 걸쳐 계속되어온 '차르'의 개혁은 새로운 힘을 기다리게 된다.

1917년 11월 7일 저녁 9시 40분, 포효하는 대포소리와 함께 소비에트 정부가 탄생했다. 세계역사상 최초의 무산계급국가였다. 지난 20년 동안 농업국이었던 러시아는 공업화의 길을 걷게 되었다. 1924년 레닌이 세상을 떠났다. 러시아 국민들은 레닌이 새로운 길을 제시해 줄 것을 믿었다. 그러나 소비에트 정권은 나아가는 길이 쉽지 않았다. 사회주의의 실험은 70년 만에 실패로 막을 내렸다.

러시아는 새로운 길을 향해서 또 나아가고 있다. 어쩌면 현재 장기화 되고 있는 러시아의 푸틴 계 정권은 어쩌면 이런 러시아의 표트르에 대한 향수가 아닌가 한다. 우리나라에도 그런 지도자가 있었다. 하지만 표트르처럼 역시 발전을 만들었지만 역시 분열을 가져왔다. 산업화와 민주화 사이에서 여전히 갈등이 많다. 하지만 우리는 이것 또한 역사의 흐름임을 자각해야한다. 대한민국은 러시아를 반면교사로 삼아 지금 우리에게 필요한 것은 이런 갈등을 봉합하고 개혁하며, 예카테리나 2세와 같은 정책으로 많은 사상가들을 배출하고, 스스로 통찰하는 일이라는 것을 명심해야 한다. 그러기 위해서는 무엇보다도 러시아의 첫 부흥이 시작될 때처럼 대한민국은 자성하고 배우는 학생의 자세를 늘 갖아야 한다.

미국
21세기 초강대국, 새로운 나라의 새로운 꿈을 꾸다

아메리카 대륙 북부에 펼쳐져 있는 나라 미국, 230년의 짧은 역사를 가진 이 나라는 기적과도 같은 속도로 성장해 21세기 초강대국이 되었다. 그들은 유럽 문명을 기초로 삼아 독창적인 발전 방향을 찾아냈으며 한 세기가 넘는 기간 동안 세계무대에서 강대국의 자리를 지켜왔다.

500년 전까지만 해도 아메리카 대륙 북부는 인디언의 땅이었다. 15세기 무렵 유럽인들이 이 땅을 발견한 후 유럽 여러 나라로부터 이주민들이 몰려들었고, 18세기 영국은 13개주에 식민지를 건설한다. 미국의 역사는 영국이 건설한 13개 식민지로부터 시작된다. 북아메리카의 영국의 식민지는 다른 아시아나 아프리카의 식민지와는 달랐다. 이 역사는 1620년 영국에서의 종교 탄압을 피해 자유로운 종교 성지를 세우기 위해 온 메이플라워호의 승객들로부터 시작된다. 이들은 신대륙에 도착하면서 '메이플라워 서약서'를 작성하고 자유로운 자치정부를 세울 것을 결의한다. 102명의 청교도들은 플리머스 자치 단체를 결성한다. 신대륙은 점차 많은 사람들로 가득차기 시작했다. 그들은 영국의 통치하에서도 자신들의 자치권을 가질 수 있었다.

영국은 식민지에서 세금을 거두어서 재정 위기를 모면하려고 하고, 세금징수에 저항하는 사건이 발생한다. 메이플라워 자치운영에 위기를 당한 신대륙 사람들은 저항하기로 결정한다. 1775년 4월 15일 미국의 독립전쟁이 일어난다. 1776년 7월 4일 이들은 대영제국으로부터 독립을 선포한다. 이것이 미국의 독립 기념일이 되었다. 독립선언문에는 평등과 자유가 명시되어있다. 200여 년 전 13개 식민지가 연합하여 대영제국으로부터 8년간의 긴 전쟁을 통해 독립을 이루며 새로운 국가로 탄생했다. 새로운 국가는 당시 세계무대에서 보잘 것 없었다.

전쟁의 아픔을 겪고 태어난 이 나라는 영국의 도움 없이 어떻게 성장해 나갔을까? 1787년 각주에서 파견된 대표들이 필라델피아에서 연방헌법을 제정한다. 이 회의에 대표 55명은 대학교육을 받은 사람들이었고, 조지워싱턴은 재헌 의회 대표로 선출되면서 국가를 위한 상징적인 인물이 된다. 조지워싱턴의 주도로 116차례의 재헌 회의가 열렸고, 1787년 9월 17일 미국의 첫 번째 헌법이 최종 완성된다. 헌법의 보장아래 국가의 주권은 주정부로부터 연방정부로 이전되었다. 동시에 각주는 헌법의 규정 하에 자치권을 갖게 되었고 연방정부는 간섭 할 수 없었다.

1785년 4월 워싱턴은 미국의 제1대 대통령에 취임한다. 연방헌법의 제정은 진정한 의미에서 미국의 탄생을 알렸다. 미국의 헌법은 미국 경제발전의 법률적 보장이 되었다. 통일된 정부를 가지게 된 새로운 나라는 통일된 시장, 통일된 화폐, 통일된 조세제도를 갖게 된다. 영국의 자유경제 체제를 도입하고, 유럽의 금융제도와 재정제도를 들여온다. 1791년 2월 미국에 최초로 전국 규모의 은행이 생겨난다. 주식으로 모아진 재정으로 도로, 운하, 다리 등 국가 기간 시설을 건설했다.

이 시기에 유럽 산업화의 주역들이 미국으로 건너왔다. 1789년 사무엘 슈레터라는 영국의 방직공장 기술자가 미국으로 건너온다. 그는 기억을 더듬어가며 방직기를 제조했고 그의 공장은 12개 기업으로 늘어났다. 그는 미국 최초의 근대식 방직공장을 세웠다. 이후부터 미국 초기 산업혁명의 막이 올랐다. 이 무렵 이주민은 300만에서 3000만 명으로 늘어났다. 이주민의 폭발적인 증가는 산업혁명의 동력이 되었다.

이렇게 발전하던 미국은 한차례 위기를 경험한다. 북부의 공업화와 남부의 노예를 이용한 농업이었다. 1860년 11월 6일 노예제 폐지를 주장한 링컨이 대통령에 당선되었고, 노예제 폐지를 반대하던 남부와 북부의 4년간 남북전쟁을 거친 후 미국은 통일이 된다. 남북전쟁 이후에 미국은 하나로 통일되어 강력한 강대국으로 나아가게 되었다. 링컨은 1862년 홈스태드법을 제정한다. 성년이 된 누구든 10달러의 등기 비용만 지불하면 토지를 소유할 수 있으며, 5년이 지나면 토지를 소유 할 수 있게 했다. 이 법 제정으로 미국의 국토가 개발되기 시작되었다. 이렇게 한 세기 동안 미국은 개척되고 발전되었다.

서부개척 운동은 스스로의 노력으로 꿈을 창조할 수 있다는 미국만의 정신을 만들었다. 19세기말 개간과 경작으로 거친 땅은 곡물

창고로 변하고 미국의 산업도 비약적으로 발전한다. 발명왕 에디슨이 발병한 전력은 미국 경제 발전의 원동력이 되었고, 전력은 제2차 산업 혁명의 동력이 되었다. 에디슨이 가진 특허권으로 미국은 창조하는 나라로 비약적인 발전을 하게 된다. 에디슨이 발견한 1000여 개의 발명은 부를 창조하는 원천이 되었고, 발명 특허로 발전한 64만개의 발명품들을 기반으로 미국은 발전에 발전을 거듭하게 된다. 1802년 미국은 특허 국을 세운다. 발명가와 작가의 지적 재산권을 법으로 보호함으로 발전의 토대를 마련하며 사회전체에 창조의 열정을 불러일으켰다. 연방정부의 힘이 강해지고 과학기술이 발전하면서 200년이 뒤졌던 미국은 19세기말 유럽을 앞서면서 비약적인 발전을 해나가기 시작했다. 1894년 미국은 세계 최대 경제 강국으로 발전했다. 새로운 나라가 탄생한지 118년이 되는 해였고, 유럽으로부터 독립한지 400년이 되는 해였다.

20세기의 막이 올랐다. 미국은 19세기 말부터 에디슨이 발명한 전기로 발전이 급속하게 이루어지는 시기를 맞이하고 있었다. 20세기 초 1903년 라이트형제는 12마력의 힘을 가진 비행기를 발명했고, 1913년에는 미국 정부가 주도한 파나마 운하의 개통으로 대서양과 태평양은 하나가 된다. 공업 분야에서는 포드 식 생산방식 이라는 신화적 생산 방식이 생겨났다. 포드는 세계 최대의 자동차 공장을 세웠다. 일하는 노동자만 8만 명이 되었고, 이때부터 미국은 집집마다 자동차를 갖게 되었다. 자동차의 보급으로 바퀴를 얻은 미국은 세계를 질주하기 시작한다.

그러나 발전하던 미국의 경제는 1930년대에 큰 공황을 맞이한다. 주식시장이 붕괴되고 800개의 은행이 파산했다. 인구의 4분의 1이 거리로 내몰렸다. 미국의 국가 재산은 반 토막이 났다. 원인은 자유 시장 경제를 지나치게 풀어놓은 결과였다. 1700만 명의 사람들이 직업을 잃었다. 200만 명의 사람들이 노숙자 생활을 하였다.

1932년 루즈벨트가 대통령에 당선되었는데 12년간의 집권 기간 동안 루즈벨트는 35회의 라디오 담화를 통해서 국민들에게 희망과 용기를 불어넣었다. 루즈벨트는 위기 속에서 희망이라는 정치적 리더십을 발휘하여 경제위기를 타개해 나갔다. 영국으로부터 들어온 자유 시장의 원리를 따랐지만, 록펠러의 석유회사를 위시한 독점기업들이 나타나면서 위기를 맞이한다. 경제를 독점한 트러스트 기업들은 국가의 발전을 가져왔지만, 심각한 사회적 문제도 양산했다. 자본주의의 후유증이 생겨나기 시작한 것이다. 독점은 심각한 사회 문제를 만들어냈다. 도시 빈민이 생겨났고, 독점기업의 그늘에서 중소기업이 파산했다.

루즈벨트는 독점 자본가와 진보 지식인 간의 첨예한 대립을 해결하고자 뉴딜정책을 실현한다. 루즈벨트는 위기국면에서 새로운 정치를 실현한다. 루즈벨트는 노사갈등 문제 해결을 위해서 노사 대표들을 백악관에 초대하여 중재하기도 했다. 영국의 경제학자 케인즈는 국가가 보이지 않는 손이 되어 국가 경제를 통제해 갈 것을 루즈벨트에게 편지를 보내 건의 한다. 루즈벨트는 국가 주도로 경제 공황을 타개해 나갔다. 테네시 강 개발을 통해서 경제위기가 가져온 위기를 노동을 통해서 해결해 나갔다. 루즈벨트는 "정부는 국민들이 빈곤으로부터 벗어나도록 해야 할 의무가 있다"고 말했다. 미국의 경제는 다시 살아나기 시작했고, 루즈벨트는 미국 역사상 가장 존경받는 대통령중의 한사람이 되었다. 루즈벨트의 새로운 정치는 시장경제의 새로운 정치 형태를 발전시켰다. 미국이 경제 위기를 벗어나서 다시 발전할 무렵 제2차 세계대전이 발발했다. 전쟁이후 미국은 세계 초강강대국으로 부상했다.

그 초창기 미국을 만들었던 사람들 중에 동부 아이비리그의 명문 하버드의 기초를 놓은 존 하버드의 삶을 보면 그들이 품었던 꿈과 이상이 무엇이었는지 그 핵심 DNA를 알 수 있을 것이다. 존이라는 젊은 청교도목사가 1637년 신대륙에 대한 꿈을 안고 미국 땅을 찾아왔다. 새로운 땅에서 새로운 꿈을 펼치면서 살아보자는 아메리칸 드림을 가지고 온 것이다. 그런데 불과 일 년도 못된 1638년, 그는 폐결핵 진단을 받았다. 그 당시 결핵은 심각한 병이었기 때문에 그는 자신이 죽어간다는 사실을 깨달았다. 임종 직전에 자신의 재산을 헤아려보니 별것 없었고 다만 책을 좋아해서 약 300권정도의 장서를 가지고 있었다. 그 책들을 어떻게 할까 기도하다가 그가 살던 도시에 새로 설립된 뉴타운 칼리지에 그가 가지고 있던 유일한 재산이던 책 300권을 기증하기로 결심했다. 그렇게 기증하면서 한 장의 서류를 첨부했는데 그것은 일종의 유언이라고도 할 수 있고 신앙 고백서라고 할 수도 있는 것이었다. "나는 이 땅에 꿈을 가지고 찾아 왔습니다. 좀 더 신학을 공부하고 싶었고, 법률과 과학도 공부하고 싶었습니다. 훌륭한 과학자, 훌륭한 신학자, 훌륭한 과학자가 되는 것이 나의 꿈이었습니다. 그러나 주께서 나를 부르시는 것 같습니다. 내가 이 땅에서 이루지 못한 꿈을 후학들을 통해서 이루기를 기대합니다. 내가 이 대학에 제공하는 책들을 통해 훌륭한 신학자, 법학자, 과학자가 길러져서 이 땅을 풍성하게 하고 인류에 이바지하는 위대한 인물들이 나타나게 될 것을 기대합니다." 이를 받은 학교 이사들은 깊은 감동을 받았다. 그래서 그 젊은 목사 존을 기념하기 위하여 그의 성을 따서 학교 이름을 바꾸기로 결정한다. 그의 풀 네임은 존 하버드이다. 그래서 이 학교는 뉴타운 칼리지에서 하버드로 불리게 되었다. 그의 꿈이 이 대학을 통해서 열매 맺게 된 것이다. 이 젊은이의 꿈, 젊은이의 기도 속에서 위대한 미국, 위대한 하버드의 꿈이 자라게 되었다.

미국은 대한민국이 강대국으로 가는 데 있어 많은 영감을 준다. 지금까지도 초강대국으로 제 1의 국가 위상을 유지하고 있고, 침략을 경험했으며, 폐허에서 일어났기 때문이다. 링컨, 에디슨, 루즈벨트, 하버드라는 인물을 통해 대한민국의 나아가야 할 방향을 찾을 수 있다. 대한민국은 미국처럼 개척정신과 창조정신이 투철하다. 우리 대한민국은 링컨의 정신처럼 현대판 노예 제도를 폐지하고 통일의 길로 나아가야 한다. 에디슨이라는 인물이 나올 수 있었던 것과 같이 신기술과 특허라는 보호 장치를 확고히 해야 하고, 루즈벨트와 같이 정치적 리더십을 발휘해야 한다. 그리고 하버드 정신과 같이 미래와 후손을 생각할 수 있어야 한다. 이런 일들이 속히 한국인의 시대가 오도록 돕는 일일 것임은 분명하다.

⑥ **몽골과 일본** | 칭기즈칸의 영토 확장과 메이지유신의 힘

몽골
칭기즈칸 영토를 확장하다

칭기즈칸은 〈워싱턴포스트지〉에서 '세계를 움직인 가장 역사적인 인물' 중 첫 번째 자리에 뽑히면서 역사 속에 새롭게 조명되었다. 그는 혹독한 역경을 딛고 일어서서 개방적이면서도 카리스마가 넘치는 리더십을 가지고 세계를 지배했다. 그가 세운 세계 정벌 기록은 앞으로 누구도 이루기 어려울 것이다. 그래서 그런지 요즘 TV 사극의 방영과 함께 칭기즈 칸에 관한 20여 권의 책들이 발간되는 등 칭기즈 칸의 삶에 대하여 관심을 가지는 사람이 늘어가고 있다. 필자가 가장 좋아하는 영화 중 하나가 바로 칭기즈칸의 삶을 다룬 '몽골리언'이다.

그러나 칭기즈 칸의 꿈은 그냥 이루어진 것이 아니다. 수많은 역경과 고난 속에서 이루어진 것이다. 칭기즈 칸이 고백한 그의 인생고백을 들어보면 어떠한 역경 가운데서도 다시 일어설 수 있는 힘을 얻게 될 것이다.

〈칭기즈칸의 인생고백〉

집안이 나쁘다고 탓하지 마라.

나는 어려서 아버지를 잃고 고향에서 쫓겨났다.

어려서 이복형제와 싸우면서 자랐고, 커서는 사촌과 육촌의 배신 속에서 두려워했다.

가난하다고 말하지 말라.

나는 들쥐를 잡아먹으며 연명했고, 내가 살던 땅에서는 시든 나무마다 비린내, 마른 나무마다 누린내만 났다. 천신만고 끝에 부족장이 된 뒤에도 가난한 백성들을 위해 적진을 누비면서 먹을 것을 찾아 다녔다. 나는 먹을 것을 훔치고 빼앗기 위해 수많은 전쟁을 벌였다. 목숨을 건 전쟁이 내 직업이고, 유일한 길이었다.

작은 나라에서 태어났다고 말하지 말라.

나는 그림자 말고는 친구도 없고, 꼬리 말고는 채찍도 없는 데서 자랐다. 내가 세계를 정복하는 데 동원한 몽골인은 병사로는 고작 10만, 백성으로는 어린이와 노인까지 합쳐 2백만도 되지 않았다. 내가 말을 타고 달리기엔 세상이 너무 좁았다고 말할 수는 있어도 결코 내가 큰 것은 아니었다.

배운 게 없다고, 힘이 약하다고 탓하지 말라.

나는 글이라고는 내 이름도 쓸 줄 몰랐고, 지혜로는 안다 자모카를 당할 수 없었으며, 힘으로는 내 동생 카자르한테도 졌다. 그 대신 나는 남의 말에 항상 귀를 기울였고, 그런 내 귀는 나를 현명하게 가르쳤다. 나는 힘이 없기 때문에 평생 친구와 동지들을 많이 사귀었다. 그들은 나를 위해 목숨을 바치고, 나를 위해 비가 오는 들판에서 밤새도록 비를 막아주고, 나를 위해 끼니를 굶었다. 나도 그들을 위해 목숨을 걸고 전쟁터를 누볐고, 그들을 위해 의리를 지켰다. 나는 내 동지와 처자식들이 부드러운 비단옷을 입고, 빛나는 보석으로 치장하고, 진귀한 음식을 실컷 먹는 것을 꿈꾸었다. 나는 죽을 때까지 쉬지 않고 달린 끝에 그 꿈을 이루었다. 아니, 그 꿈을 향해 달렸을 뿐이다.

너무 막막하다고, 그래서 포기해야겠다고 말하지 말라.

나는 목에 칼을 쓰고도 탈출했고, 땡볕이 내리쬐는 더운 여름 양털 속에 하루 종일 숨어 땀을 비 오듯이 흘렸다. 뺨에 화살을 맞고 꼬리가 빠져라 도망친 적도 있었다. 적에게 포위되어 빗발치는 화살을 칼로 쳐내며, 어떤 것은 미처 막지 못해 내 부하들이 대신 몸으로 맞으면서 탈출한 적도 있었다. 나는 전쟁을 할 때면 언제나 죽음을 무릅쓰고 싸웠고, 그래서 마지막에는 반드시 이겼다.

무슨 말이 더 필요한가.

극도의 절망감과 죽음의 공포가 얼마나 큰 힘을 발휘하는지 아는가? 나는 사랑하는 아내가 납치됐을 때도, 아내가 남의 자식을 낳았을 때도 눈을 감지 않았다. 숨죽이는 분노가 더 무섭다는 것을 적들은 알지 못했다. 나는 전쟁에 져서 내 자식과 부하들이 뿔뿔이 흩어져 돌아오지 못하는 참담한 현실 속에서도 절망하지 않고 더 큰 복수를 결심했다. 군사 1백 명으로 적군 1만 명과 마주쳤을 때에도 바위처럼 꿈쩍하지 않았다. 숨이 끊어지기 전에는 어떤 악조건 속에서도 포기하지 않았다. 나는 죽기도 전에 먼저 죽는 사람을 경멸했다. 숨을 쉴 수 있는 한 희망을 버리지 않았다. 나는 흘러가 버린 과거에 매달리지 않고 아직 결정되지 않은 미래를 개척해 나갔다.

알고 보니 적은 밖에 있는 것이 아니라 내 안에 있었다. 그래서 나는 그 거추장스런 것들을 낑그리 쓸어버렸다. 나 자신을 극복하자 나는 칭기즈 칸이 되었다.

오늘날 대한민국은 칭기즈 칸으로부터 배워야 할 것이 너무나 많다. 요즘 너무 힘들 다고들 한다. 힘들지 않다는 것은 아니다. 하지만 포기하지 않고 이루어내는 이런 지도자가 필요하고, 또 우리 국민들도 그래야 한다고 생각한다.

김종래는 〈칭기즈칸의 리더십 혁명〉에서 칭기즈칸의 리더십을 다섯 가지로 정리했다.

첫째로, 칭기즈칸의 리더십은 순리를 쫓는 리더십이다. 상상력과 열정이 동력이었다. 당당하게 홀로서는 낙관론자였다. 편을 가르지 않는 리더십이었다.

두 번째로, 칭기즈칸의 리더십은 비전을 제시하는 리더십이다. '머리가 아닌 가슴으로 말하라. 복종자가 아닌 추종자를 만들어라. 리더의 약속이 제국을 만든다.' 등 동지 같은 참모, 참모 같은 리더십이었다.

세 번째로, 칭기즈칸의 리더십은 길을 만드는 리더십이다. 꿈을 결집시키는 자가 리더이다. 리더는 가장 앞에서, 가장 먼저 길을 열어 간다. 리더는 속도에 사활을 건다. 리더는 성을 쌓는 자가 아니라,

성을 넘는 사람이다.

네 번째로, 칭기즈칸의 리더십은 프로마니아 리더십이다. 리더는 앉아서도 천리 밖과 소통한다. 신기술을 가진 자가 미래를 지배한다. 몽고의 말들은 모두 등자를 메고 있다. 등자는 말을 탈 때 몸을 지지하는 다리 받침대이다. 칭기즈칸은 등자가 있는 신기술의 말을 타고 유럽에 들어가서 유럽을 정복했다. 칭기즈칸은 '몽골 민족의 미래를 여는 것은 기술이다'라는 것을 실천한 리더였다.

다섯 번째로, 칭기즈칸의 리더십은 성공에 연연하지 않는 통합의 리더십이다. 가장 강한 적은 내부에 있다. 그는 외부의 100만 군대보다 더 위협적인 것이 내부의 분열이란 사실을 잘 알고 있었다. 그는 자신을 늘 경계하면서 이런 말도 남겼다. "미인과 명마는 누구나 갖고 싶어 한다. 그러나 그것만 쫓다보면 명예도 지위도 다 잃는다."

마키아벨리는 군주가 무능한 측근들을 두는 것은 '사람을 알아보는 눈이 없기 때문이라'고 〈군주론〉에서 지적하고 있다. 주저앉는 순간, 미래는 없다. 관용과 포용하고, 처벌과 입맞춤한 지도자가 칭기즈칸이었다. 칭기즈칸의 이런 리더십은 지금 지도력의 위기를 절실히 경험하고 있는 대한민국과 한국의 정치인들이 명심해야 할 대목이다.

일본

메이지 유신의 힘, 백년간의 유신으로 대국이 되다

지금부터 100년 전 일본은 대국의 침략으로부터 위협을 받는다. 일본은 그것을 대국으로 나가는 기회로 삼았다. 국가의 존폐 위기를 격은 일본은 백년간의 유신을 통해 대국이 될 수 있었다. 1853년 7월 8일, 페리제독은 일본의 개방을 요구한다. 200년간 쇄국의 길을 걷던 일본은 개방의 길을 택한다. 페리제독 일행을 환영으로 맞이함으로 일본은 새로운 길을 걷게 된 것이다. 일본의 문호가 개방되면서 시브사와 에이이치는 일본대표단의 일원으로 프랑스의 만국 박람회에 참석한다. 1868년 10월 시부사와 에이치는 일본으로 돌아온다.

메이지천왕은 16세에 일본의 새로운 지도자가 된다. 1868년 4월 15일, 메이지천왕은 강국으로 가는 5개 조항을 발표한다. 이로서 일본은 메이지 유신시대로 접어든다. 시부사와 에이치가 1868년 유럽에서 귀국하여 국가의 중대정책에 관여한다. 1871년 100명이 넘는 고관을 사절단으로 파견한다. 사절단은 구미의 12개국을 시찰했다. 메이지 정부의 사절단원들을 독일에서 일본의 성장 모델을 찾았다. 비스마르크의 견해대로 정부가 나서서 공업화를 이루는 방식을 택하고, 사절단 귀국 후 공업화를 주도했다.

생산을 늘리고 산업을 확장시키는 오쿠보 도미시치의 방식은 영국과 독일을 모방한 방식이었다. 미쓰비시는 정부의 지원 하에 작은 범선 3척으로 출발해서 일본을 대표하는 기업으로 성장해갔다. 1873년 30살의 시브사와 에이치는 국가 예산을 책임지는 직임을 포기하고 상인의 길을 선택한다. 일본 최초의 주식은행 설립을 시작으로 전설과 같은 사업을 펼쳐나간다. 일본은 모든 영역에서 변화되어갔다.

메이지유신이 순항하는 듯 할 때 48세의 오쿠보 도시미치가 암살을 당한다. 메이지유신이 일어난 지 11년 된 시점이었다. 문명개혁에 대한 과도한 열기와 일본전통 문화의 충돌이 가져온 결과였다. 이후 이토우 히로부미에게 책임이 맡겨졌다. 이토우 히로부미의 통치 당시 사회 각층에서 개혁으로 인한 부작용과 불만이 표출되었다. 그는 개혁을 기초로 헌법을 제정한다. 헌법에 천왕의 절대적 권력을 부과한다는 내용이 추가 되었다. 1889년 2월 11일, 일본 헌법이 공포되었고, 군국주의의 제도를 강화했다. 헌법공포 후 극단적 서구화는 자제되었고, 일본의 전통문화가 다시 발전했다.

일본은 통제에 의한 경제 운영 방식을 택했다. 메이지 정부 출범 8년 후 일본은 조선에 문호개방을 요구하며 약탈하기 시작한다. 일본이 미국에 문호를 개방한지 22년 되던 해였다. 19세기말 일본의 사상가 후쿠자와 이유키치는 〈탈 아시아론〉을 주장한다. 일본은 아시아에서 빠져나와 서방의 문명국들과 같이 군국주의의 대열에 들어선다. 1914년 제1차 세계대전에 조선과 중국을 침범해 배상금을 받아내고 해상력을 키워나갔다. 반세기동안 일본의 세력 확장을 위한 전쟁은 계속되었다.

하지만 1845년 8월, 일본 나가사키에 원자폭탄이 투하되며 일본 군국주의의 망상이 무너졌다. 메이지유신 때부터 80여 년간 쌓아온 경제성장의 결과는 한순간에 잿더미로 변했다. 전쟁 후 1년간 미국은 쌀 등을 지원하며 일본인의 굶주린 배를 채워주었다. 패전 후 일본은 100년간 지속해온 메이지유신의 발전 토대를 기반으로 다시 비약적인 발전을 하게 된다. 전쟁 후 일본은 평화협정에 서약한다. 다국적 기업들이 생기면서 일본을 비약적 성장으로 올려놓았다. 일본인들은 자신감을 회복했으며 일본 역사상 가장 의미 있는 시기였다고 한다.

대한민국에게 있어 일본 성장의 교훈은 자국의 발전이 자신뿐만 아니라 이웃 나라에도 세계평화와 안전을 추구해야만 모두에게 박수를 받을 수 있다는 사실이다. 자국 발전이 침략과 같은 군국주의로 가는 것을 경계하고 평화 리더십으로 주변국들과 함께 성장해야 할 것이다. 또한 정치적 리더십으로 전통과 성장모델의 균형을 이루고, 통제를 통해 경제의 민주화를 이뤄야 할 것이다.

7 **터키와 이스라엘** | 준비된 아타투르크의 힘과 히브리정신의 힘

터키
준비된 아타투르크, 위대한 나라를 세우다

아타투르크는 어떤 지도자도 할 수 없는 일을 해냈다. 과거 이슬람 국가에서 세속적 민족국가로의 변혁을 이루어 낸 것이다. 아타투르크는 1923년, 1927년, 1931년, 1935년 네 차례에 걸쳐 대통령에 당선되었다. 14년도 재임 기간 동안 그는 중세에 머물러있던 터키 사회를 완전히 바꾸어 놓았다. 술탄을 폐위해 쫓아내 버렸고, 칼리프제도도 철폐했다. 이슬람을 국교로 인정하지도 않았다. 종교를 기반으로 한 학교를 모조리 없앤 뒤 공립학교를 설립했다.

터키에서 그의 업적은 군인으로서 세운 업적만큼이나 중요하다. 그는 정교분리에 대한 자신의 요구에 있어 타협을 용인하지 않았다. 사회 변화를 만들기 위해서 터키를 강력하고 존경받는 나라로 만들 필요가 있다고 생각했다. 그는 비범한 결단으로 후진한 사회를 앞으로 추진 시켰고, 그런 모습은 마치 터키에서 부활한 표트르 대제와 같았다. 이슬람의 법은 그의 노력으로 더 이상 국가의 지원을 받지 못했고, 여성 해방이 시작 될 수 있었다. 이 결단성 있는 지도자로 인해 괄목할 만한 교육 제도의 개선이 이루어 졌으며, 아라비아어를 대신하는 라틴어 필기 문자로 문맹률이 낮아졌다.

터키건국의 아버지라 불리는 아타투르크를 처음 만난 것은 초등학교 5학년 때이다. 감동적으로 읽었던 〈케말파샤전〉을 통해서였다. 그 후 늘 마음속에 케말파샤의 나라 터키를 방문하여 그의 발자취를 배우고 싶었다. 그러던 중 2007년 터키를 직접 방문하여 그의 발자취를 따라 많은 감동을 받았다. 특히 터키의 수도 앙카라에 있는 아타투르크 궁전을 보면서 그 규모와 웅장함에 놀랐다.

나는 아타투르크의 평생 보던 장서가 기증된 도서관에서 그의 비밀과 해답을 찾았다. 만권이 넘는 수많은 장서들을 보면서 위대한 지도자들은 모두 다 독서의 사람들임을 확증하게 되었다. 아타투르크를 통해서 대한민국은 준비된 지도자가 위대한 나라를 만들어 간다는 교훈을 배워야 한다. 그리고 그 지도자는 독서에서 키워지며, 그 지도자는 분명히 인문학 독서로 단련된 균형 잡힌 사람임을 잊지 말아야 한다.

이스라엘

히브리 정신으로 노벨상을 석권하다

이스라엘 민족과 한국 민족은 닮은 점이 많다. 유구한 역사 속에서 유대 민족과 한국 민족은 지구상에서 가장 고난을 많이 받은 민족이다. 그러한 고난을 바탕으로 세계 역사 속에서 창조적으로 반응하며 좋은 영향력을 끼치며 살아가는 모습도 비슷하다. 오늘날 세계를 움직이는 영향력 있는 많은 인물들이 유대인 중에서 배출되고 있고, 노벨상의 많은 부분을 유대인들이 석권하고 있다. 그것은 아무래도 유대인들이 가지고 있는 신앙을 바탕으로 한 믿음의 힘이 그러한 일들을 가능하게 하는 원동력이라고 보인다.

70억 인류가운데 가장 생명력이 강한 민족이 유대인들 이라고 할 수 있다. 그들은 나라 없이 수천 년간 떠돌며 갖은 핍박과 환란 속에서도 신앙과 전통을 지키며 오늘에 이르렀다. 유대인들은 그들의 선조가 세대를 뛰어넘어 전해온 빼어난 지혜를 그냥 머릿속의 정보로만 간직한 것이 아니라 현실에 적용하고 실천해 왔다.

오늘날 전 세계의 유대인 인구는 1400만 명 정도 밖에 안 될 정도로 그 숫자가 미미하다. 많게 봐도 1500만 명 정도에 불과하다. 그 가운데 440만 명이 조국인 이스라엘에 산다. 이스라엘에 살고 있지 않는 나머지 인구는 유대인이 아니라 아랍인, 동양인, 유럽인, 아메리카인 등이다. 그 밖의 유대인들은 모두 전 세계에 흩어져 사는 것이다. 인구상으로는 이렇게 적은 숫자의 유대인들이 70억 명 지구촌의 정치, 경제, 사회, 문화 각 분야에 막강한 힘을 발휘하고 있다.

유대인 출신의 유명 인사들은 마르크스, 아인슈타인, 프로이트, 베르그송, 헨리키신저, 피터 드러커나 조지 소로스 같은 인물들이다. 학맥과 정재계 인맥은 두말할 것도 없고 〈뉴스위크〉, AP, 〈뉴욕타임즈〉, 〈LA타임즈〉, 〈워싱턴포스트〉, ABC, CBS, NBC 등 주요 언론의 창립에도 깊이 관여했다. 유대인들은 4~5천년의 전통을 그대로 지키며 살아가고 있다. 도무지 낡고 낡아 쓸데라고는 없을 것 같은 전통과 조상의 율법과 신앙을 붙잡고 지금도 그것을 목숨처럼 지키며 사는 사람들이 유대인들이다.

놀라운 것은 유대인들에게는 지켜야 할 토지도, 지켜줄 군대도 없었다는 점이다. 2천 년간이나 나라가 없었기 때문에 유대인들은 지켜야 할 것도 지킬 수 있는 것도 없었다. 그럼에도 그들은 전통과 문화를 지켜왔다. 학교 같은 교육 기관도 없이 성경을 통해 자녀들에게 자신들이 유대인임을 가르쳐왔다. 그렇게 열악하고 부족한 현실 속에서도 그들은 굴하지 않고 좌절과 위기를 극복하며 승리를 거머쥐었다. 세계 노벨상 수상자의 30%를 장악하고, 〈포브스〉집계 세계 경제의 상위 400위 억만장자 가운데 60명이 유대인 이라는 놀라운 기적을 일구어 냈다.

그들은 신앙을 목숨처럼 여긴다. 그런 신앙적 정체성과 함께 근면 성실로 오늘의 부를 이루어냈다. 많은 고생과 시련을 이겨내고 지금의 위치에 이르렀기 때문에 그들은 돈도 신앙만큼이나 소중하게 여긴다. 신정일치라는 말은 이런 풍토 아래서 생겨난 말이다. 신앙을 바탕으로 그들의 전통과 문화를 지켜온 것이 오늘날 그들을 만들었다는 말이다.

이에 비하면 우리 대한민국은 경제적으로는 성장했지만 정신적으로는 아직 미숙한 상태라 할 수 있다. 이제는 한국인의 집단 조급증에 유대인의 신행일치와 신정일치가 시사 하는 의미를 깊이 생각하며 받아 들여야 할 때가 아닌가 한다. 정신의 회복이 필요하고, 전통과 문화를 지켜 새로운 문화를 창조해야 한다는 말이다. 그만큼 사상과 철학, 경제의 민주화 등 정신적으로 성숙해 지는 것이 절실한 때임을 잊지 말아야 한다.

8 이탈리아와 남아프리카 공화국 | 연합으로 이룬 통일과 국민통합의 리더십

 이탈리아

연합된 통일의 힘을 보여주다

1883년 4월의 어느 날 저녁, 프랑스 상선의 가리발디는 러시아 부둣가를 한가롭게 거닐던 중 한 이탈리아인을 만났다. 그 역시 가리발디와 마찬가지로 제노바 출신의 청년이었다. 대화가 정치문제에 이르자 그는 이탈리아 통일을 위해 일하고자하는 자신의 열망을 격정적으로 이야기했다. 가리발디는 그때까지 가족이 살고 있던 조국의 상황을 심각하게 생각해 본 적이 없었다. 하지만 이날 만난 이탈리아 청년 마치니와의 만남으로 인생의 전환점을 맞았다. 가리발디는 훗날 이렇게 적었다. "그날 이탈리아 통일을 위해 실제적으로 고민하는 한 남자를 만났을 때, 나는 콜럼버스가 신대륙을 발견했을 때보다도 더 큰 희열을 느꼈다." 그는 마치니와의 만남이후 자신의 인생 전체를 통일 이탈리아를 위해 헌신했다. 사실 이탈리아 통일은 마치니의 사상과 가리발디의 실천, 그리고 정치지도자 쿠부르의 합심으로 이루어진 것이나 다름없다.

정치에 무관심했던 바닷사람 가리발디, 그의 원대한 꿈은 마치니와의 만남에서 시작되었다. 외딴 러시아의 항구에서 만난 제노바 출신의 청년은 정직하고 순수하기만 했던 가리발디에게 통일된 조국의 이상을 불어넣었고, 이후 가리발디는 평생 동안 이탈리아의 해방과 통일 운동에 헌신했다. 1870년 이탈리아군이 로마를 함락하고 교황이 바티칸으로 물러갔을 때, 가리발디의 이탈리아 통일의 꿈은 실현되었다. 마치니는 선비의 아들이었으며, 가리발디는 뱃사람이었다. 그리고 정치인 카부르는 귀공자로 19세기 유럽 제일의 외교가였다. 마치니는 이태리 국민들에게 사상적 힘을 공급하며 힘을 불어 넣었고, 가리발디는 탁월한 군사적 지휘력으로 전투를 성공적으로 이끌었으며, 카부르는 명철한 정치적 지도력으로 이탈리아 통일의 대업을 이룬 것이다.

필자는 초등학교 5학년때 어깨동무사에서 발간한 [이탈리아 통일 3걸전]을 통해 만난 이탈리아 통일의 3인을 고난의 시기를 거치면서 다시 만났다. 마치니, 가리발디, 카부르의 연합된 힘이 이탈리아 통일의 꿈을 이루었던 것처럼, 이직도 분단국가로 남아 있는 대한민국의 통일을 위해서도 이와 같은 지도자들이 필요하다. 마치니와 같이 국민들에게 혼을 불어 넣는 사상가가 필요하며, 가리발디와 같은 실천적 지도자가 필요하고, 카부르와 같은 탁월한 정치인이 필요함을 배운다.

단재 신채호는 [이탈리아 통일 3걸전] 서문에서 이렇게 쓰고 있다. "이 땅에도 애국자들이 필요하다. 그 입으로만 하는 애국이 아니라 그의 뼈, 피, 피부, 얼굴, 머리카락까지 오로지 애국심으로 이루어진 사람이 필요하다"라고 했다. 대한민국이 이탈리아 통일의 꿈을 이룬 3인에게 배우는 지혜는, 꿈을 가진 사람들의 연합의 힘이 필요하다는 것이고, 그 힘은 나라를 통일되게 하는 힘이 있다는 것이다.

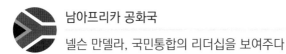

남아프리카 공화국
넬슨 만델라, 국민통합의 리더십을 보여주다

넬슨만델라(Nelson R Mandela, 1918-2013)는 한 작은 마을에서 추장의 아들로 태어났다. 그는 어려서부터 남아프리카 흑인들의 비참한 현실을 개선해야 한다는 열망을 가지고 있었다. 그는 남아프리카 대학을 졸업한 뒤 법조계에 뛰어든다. 그는 변화의 일선에서 뛰고 싶었고, 법조계야 말로 그가 선택할 수 있는 최고의 길로 보였다. 그는 1944년 아프리카 민족회의(ANC) 청년 동맹을 설립하는 등 흑인 인권운동에 적극적으로 참여하였으며 1952년에는 남아공 최초의 흑인 변호사가 되었다.

그는 아파르트헤이트(인종분리정책)에 대항해 싸우면서 동료들과 거대한 운동을 일으킬 결단을 내렸다. 아프리카 민족회의 청년연맹(ANCYL)을 조직하고 흑인의 인권을 개선할 변화를 일으키기 위해 총파업, 불매운동, 시위, 비폭력 저항 운동을 펼쳐나갔다. 하지만 백인정권은 무자비한 탄압으로 맞서서 그들의 노력은 별 효과가 없었다. 만델라는 무장투쟁을 선언하고 1962년 체포되어 5년 형을, 1964년 종신형을 선고 받고 27년간을 감옥에서 보냈다.

그러나 정작 넬슨 만델라를 변화시킨 곳은 27년 6개월간의 감옥생활이었다. 감옥은 만델라를 강하게 만들었다. 그를 죽이려한 감옥이 그를 더욱 강하게 만든 것이다. 만델라는 27년 6개월간 감옥에 있으면서도 은밀하게 민중을 이끌었다. 그는 1990년 2월 석방 될 때까지 세계 인권운동의 상징적 존재가 되었다. 그가 감옥 생활의 고통과 고난, 온갖 시련을 겪으면서도 인간의 존엄성, 관용과 용서, 비폭력의 미덕을 잊지 않았고 마침내 백인과 흑인의 화해를 이룩했다.

그는 27년 6개월간의 감옥 생활 동안 화단에 꽃들을 키우며 인고의 세월을 견디어 냈다고 한다. 그리고 화단에 핀 흰 꽃, 붉은 꽃, 노란 꽃 등 다양한 색깔의 꽃들이 어우러져 아름다운 화단을 이루는 것을 보고, 흑인과 백인이 어우러지는 화합의 아름다운 세상을 꿈꾸었다고 한다. 27년 6개월간의 긴 감옥 생활이 그를 인격적으로 성숙하게 하여 흑백을 다 품을 수 있는 큰 그릇으로 만든 최고의 학교가 되었던 것이다.

감옥에서 나온 그는 백인 정부와 협상을 벌여 350년에 걸친 인종 분규를 종식 시키는데 성공했다. 그는 남아공에 새로운 역사를 만들어낸 업적으로 1993년 노벨 평화상을 받았고, 1994년에는 남아공 사상 최초로 흑인이 참가한 자유선거에 의해 흑인 최초 대통령으로 당선 되었다. 세계에서 인종차별이 가장 심했던 나라에서 흑인 대통령이 탄생한 것이다. 넬슨 만델라, 그는 진정으로 관용을 실천한 큰 그릇의 지도자이다.

대한민국에도 통일시대를 이끌어갈, 남북한을 품고 글로벌 시대의 한국인 시대를 이끌어갈 만델라와 같은 진정한 관용을 실천하는 큰 그릇의 지도자가 필요하다. 진정한 관용을 실천한 지도자 넬슨 만델라에게 배우는 삶의 지혜는, 최악의 환경을 딛고 일어난 사람은 최선의 희망을 만들어 낸다는 점이다. 아직도 지구상에 유일한 분단 국가로 남아있는 대한민국이 통일을 이루는 통일 한국으로 가기 위해서는 만델라와 같은 준비된 큰 그릇의 지도자가 절실하다.

한국인의
시대를 준비한
역사 속 인물들이
있다

│ 한국인의 시대를 준비한 역사 속 인물들이 있다

　과거 역사의 인물들을 살펴보는 것은 오늘의 현실을 살펴보는 거울일 뿐만 아니라 내일의 역사를 밝히는 등불이 된다. 그런 의미에서 한국 역사 오천년을 통해서 살펴보는 여덟 사람의 통합적 리더십은 분단을 넘어 통일 코리아와 글로벌 코리안의 시대를 살아갈 우리들에게 큰 힘과 자산이 될 것이다. 필자는 객관적 관점과 역사적 관점에서 한국 역사 오천년에 디딤돌을 놓은 인물을 선정해 보려고 노력했다. 한국역사와 관련 많은 자료를 정독하면서, 오천년 한국역사에 기초를 놓은 인물들이 누군가를 면밀히 살펴보았다.

　다만 여기 언급한 8인의 인물들은 나라를 사랑한 애국적 관점에서 보면, 글로벌 코리아로 발돋움 하는데 있어서 기초를 놓은 인물들임은 분명하다. 그 기준은 필자의 주관적 견해이다. 더 깊은 연구와 성찰이 필요함을 밝혀둔다. 여기에 언급한 인물은 고대역사 인물을 제외한 근 현대사의 인물들로 한정했음을 밝혀둔다.

　역사가 토인비는 역사를 '도전과 응전'의 역사라고 했다. 토마스 칼라일은 역사는 '영웅들의 역사'라고도 했다. 그러한 의미에서 볼 때 한반도에서 면면히 이어온 오천 년 한국 민족의 역사는 외세 침입에 맞서 지켜온 도전과 응전의 역사요, 한반도를 지켜온 영웅들의 역사이다.

4장에서는 한국인의 시대를 준비한 수많은 역사속의 인물들 중에 여덟 사람을 우리의 마음속에 다시 되새기려고 한다. 이 시대를 살아가는 독자들 또한 한국인의 미래를 위해 준비해온 선각자들을 본받아 하나의 디딤돌이 되는 책임적 삶을 살아내야 하기 때문이다.

1 정도전 | 백성이 주인이 되는 조선을 설계하다

인물 중 정도전을 첫번째로 언급하는 이유는 바로 정도전의 '위민사상' 때문이다. 그것은 미국 민주주의의 기초를 놓은 링컨의 게티스버그 연설(국민을 위한, 국민에 의한, 국민의)과 그 맥락을 같이한다. 정도전은 9년 간의 유랑 생활 속에서 쌓은 사상을 실천할 메인 무대가 필요했다. 그래서 정도전은 우왕9년(1383)에 승부수를 던진다. 바로 함길도 함주에 있는 이성계를 찾아간 것이다. 이 일로 정도전의 인생 세 번째의 막이 열렸다. 정도전은 동북면에 이르러 이성계의 군대를 보고, 이성계의 군대가 엄정하고 잘 정비된 것을 보며 말했다.

"훌륭한 이 군대로 성공하지 못할 일은 없습니다."
"성공하지 못할 일이란 무엇인가?" 이성계가 물었다.

〈태조실록〉은 정도전이 "왜구를 동남방에서 치는 것을 말합니다."라고 대답했다고 기록하고 있다. 동남방은 경상도지역이다. 9년이라는 세월을 유랑으로 보낸, 그것도 인생의 황금기인 30대를 불우하게 보낸 아무 벼슬도 없는 정도전이 동남방의 왜구를 치자고 이성계를 찾아 왔을 리는 만무하다. 그러면서 정도전은 군영 앞 늙은 소나무의 껍질을 벗기고 시를 썼다고 한다.

"다른 해에 서로 만날 수 있을까?, 인간 세상 굽어보면 문득 지난 일이구나"

이 시에 대해 〈용비어천가〉는 이성계에게 하늘의 뜻이 있음을 비유해 말했다고 설명하고 있다. 인생은 순식간에 지나가니 대업을 이루라는 뜻이다. 정도전과 이성계가 만났을 당시 이성계는 동북면 도지휘사라는 벼슬에 있었다. 이날의 만남이 사실상 조선을 개창한 만남인 것이다.

삼봉 정도전 하면 역성혁명으로 조선을 세우는데 역할을 한 인물로 교과서에서 배웠던 것이 기억난다. 그런데 2014년 KBS에서 방영한 드라마 [정도전]을 통해 정도전을 깊이 있게 이해하게 되었다. 정도전은 한마디로 준비된 위민 사상가였다. 그는 절망 속에서 위민 사상을 일구었다.

정도전의 인생은 크게 네시기로 나눌 수 있는데 첫 번째 시기는 그가 벼슬에 나왔다가 유배형에 처해지는 시기이다. 두 번째 시기는 유배시기로 유배형에 처해지고 만 8년 후에 이성계의 막료가 되어

함주로 가게 되는 시기이다. 이때 이성계와 정도전 두 사람이 혁명을 꿈꾸게 된다. 세 번째 시기는 이때부터 조선이 개창되던 1392년까지이다. 정도전이 이성계를 만난 것은 만으로 마흔 한 살 때였고, 조선을 개창한 것은 만 쉰 살 때이다. 요즘이야 마흔과 쉰 살이 아직 청춘이지만 예로 치자면 정말 대기만성이다. 정도전이 이성계를 만난 지 햇수로 정확히 10년 만에 고려가 사라지고 새 나라의 역사가 시작된다. 마지막 네 번째 시기는 조선 개국 후 정도전이 부활을 꿈꾸다 이방원에게 살해되는 때이다. 그의 나이 쉰여섯 살 때의 일이다. 그야말로 파란만장하다고 밖에는 할 수 없는 생애다.

이 네 시기 중에서도 가장 중요한 시기가 바로 9년간의 나주 유배 생활인데, 이 시기에 정도전의 인생이 바뀌었다 해도 과언이 아니다. 유배생활 동안 정도전의 마음속에는 절망이 자라났을 것이다. 그러나 이런 절망의 끝에서 희망의 싹이 트는 법. 이때 정도전이 발견한 희망이 바로 백성이다. 현실에서 절망한 지식인이 백성의 삶에 주목하게 되었고, 백성의 시각으로 세상을 바라보게 된 것이다. 대한민국이 백성 중심의 국가가 되는데 역사 속에서 준비한 선각자라는 것이 바로 이 대목이다. 이 얼마나 드라마틱한가. 정도전의 9년간의 유랑 생활 끝에 역사를 바꾼 그 이 성계와의 만남이 바로 오늘날 대한민국이 백성이 주인이 되는 나라가 되는데 씨앗을 뿌렸다고 해도 과언이 아니다. 정도전을 통해 이렇게 백성 중심의 조선 개국이 되었고, 오늘 날까지 그 정신은 이어지고 있다.

② **세종** | 창조와 소통의 리더십으로 창조국가를 경영하다

　최근 몇 년간 한국의 역사를 깊이 연구해 보면서 '세종'이야 말로 오천년 한국의 역사에 가장 훌륭한 발자취와 업적을 남긴 위대한 한국인이라는 생각이 든다. 지금 대한민국의 중심가인 광화문에는 세종대왕상이 있다. 아마 세종대왕은 21세기를 살아가는 한국인들을 향해 책과 인문학의 힘으로 다시 한 번 찬란히 빛나는 한국의 역사를 만들어 가라고 응원하고 있을 것이다. 한 시대가 부흥하는 것은 반드시 그 시대에 인물이 있기 때문이고, 한 시대가 쇠퇴하는 것은 반드시 세상을 구제할 만큼 유능한 지도자가 없기 때문이다.

　세종은 국가의 인재가 모인 터전인 집현전에서 유능한 인재를 기르는 데 정성을 기울였다. 즉 인재경영의 핵심인 선발과 배치와 관리에 있어서 탁월했기에 국가의 부흥을 가져왔다. 세종은 집현전 학사들이 경전, 역사, 자서, 시부 가운데 강독한 분량을 기록했다가 월말에 보고하게 했고, 열흘에 한차례 시험을 치르게 했다. 그래서 실력이 없는 자들은 도태되고, 뛰어난 자들만 살아남아 최고의 실력자로 거듭나도록 했다. 이들은 집현전을 떠나 외직으로 나갈 때면 태산 같은 자부심과 과업을 이루었다는 자긍심이 대단했다. 세종은 무엇보다 나라를 이끌어가는 사람들이 최고가 되지 못하면 백성들에게 최고의 정치를 베풀 수 없다는 사실을 잘 알았다. 그리고 누구보다 자신이 최고가 되지 못하면 신하들을 제대로 이끌 수 없다는 사실도 잘 알았다. 그래서 세종은 먼저 자신을, 다음으로 신하들을 그토록 뜨거운 독서의 장으로 내몰았던 것이다.

세종은 집현전 학사들 앞에서 했던 말을 실제 정치로 증명했다. 그는 오직 백성을 위하는 마음으로 유교에 찌든 사대부 지식인들의 격렬한 반대를 무릅써 가면서 세계에서 가장 위대한 문자인 '한글'을 창조했다. 또한 정치, 경제, 과학, 의학, 군사, 법률, 학문, 농업 등 백성들의 삶과 관련된 거의 모든 영역에서 백성을 위해 분투했고, 인류 역사상 그 어떤 왕도 따라 오지 못할 찬란한 결과물들을 만들어 냈다.

특히 오늘날도 쉽게 펴지 못할 정책을 펴기도 했는데, 여자 노비들을 위해 100일에 달하는 출산 휴가 제도를 만들었고, 같은 노비인 남편도 한 달 동안 아내를 돌볼 수 있도록 했다. 제위 기간 내내 고아, 노인, 병자, 죄수 같은 사회적 약자들의 기본권을 직접 챙기기도 했다. 이러니 어릴 적부터 물어보면 존경하는 인물 1위로 늘 세종대왕을 꼽는 것도 무리가 아니다. 우리 역사에 세종대왕같은 인물이 있었음은 정말 자랑스러운 일이다. 세종대왕은 오늘날 대한민국의 기틀을 세운 민족의 가장 큰 스승이다. 광화문 광장에 새로이 세워진 세종대왕상은 오늘을 사는 우리들에게 그 교훈을 말하고 있다.

박현모는 〈소통과 헌신의 리더십, 세종처럼〉에서 세종대왕의 리더십을 '세종십계명'으로 요약하고 있다.

1계명 밥은 백성의 하늘이다
2계명 왕을 추대한 백성들에게 헌신하라
3계명 인재를 기르고 선발하고 맡겨라

4계명 싱크탱크를 활용하고 회의를 잘하라

5계명 억울한 재판이 없게 하라

6계명 외교로 전쟁을 막고 문명국가를 건설하라

7계명 영토는 한 치도 양보 할 수 없다

8계명 합리적으로 사고하고 온 힘을 기울여 실천하라

9계명 자기 관리를 철저히 하라

10계명 사회적 약자를 우선적으로 배려하라

〈조선왕조실록, 박영규지음〉에 보면, 세종시대를 빛낸 사람들의 이야기가 있다. 세종시대에는 희대의 명재상 황희와 맹사성, 박신 같은 훌륭한 신하들이 있었다. 2016년에 KBS에서 방영한 과학혁명의 주창자 장영실과 음악의 귀재 박연, 그리고 "농사직설"을 집필한 정초가 있었다. 군사적으로는 이종무가 대마도를 정벌하였고, 김종서는 육진을 개척하였다.

우리 역사에서 세종시대가 그렇게 융성할 수 있었던 것은 단연 세종의 탁월한 리더십에서 비롯된 것이다. 세종의 리더십은 책과 인문학의 힘에서 나온 것이다. 또한 세종대왕이 창제한 한글이야 말로 오늘날의 우리가 있도록 만든 가장 큰 업적이다. 한글은 세계에서 가장 우수한 글로 평가 받고 있는데 세계에서 가장 과학적으로 만들어진 뛰어난 문자이고 가장 빠른 시간 안에 쉽게 배울 수 있는 문자이기도 하다. 인구 10억이 넘는 중국은 자기 나라 글자를 익히는 데만 수십 년이 걸린다. 그런데 우리는 초등학교에서 우리글은 다 익힌다. 그렇기에 대한민국은 세계에서 문맹이 1% 밖에 안 되는 유일한 나라이다. 한글은 UN이 문자 없는 나라에 제공한 문자이다. 현재 세계 3개 국가가 한글을 국어로 사용하고 있고, 전 세계 118개국 1900만명이 한국어를 배우면서 2017년 현재 프랑스엣는 한글이 25번째 제 2 외국어로 채택되기도 했다. 이러한 이러한 한글의 창제는 오늘날 대한민국이 모든 분야에서 큰 성장을 가져오게 한 일등 공신이다.

세종의 시대는 조용하게 흐르는 커다란 강이었다. 무엇 하나 특별하게 드러내거나 시끄럽게 날뛰지 않았다. 그저 하나씩, 하나씩, 작은 벽돌을 쌓아 만드는 것처럼 많은 준비와 단계를 거치고 먼 길을 돌아가되 그보다도 단단하게 쌓아올린 것이다. 하루하루 지내다 보면 아무 변함없어 보이지만, 어느 순간에 돌아보니 커다란 건물이 완성되어 있는 것이다. 이것이 세종시대의 본질이었다. 그리하여 태종의 섭정으로 시작된 치세는 어느 틈엔가 세종의 시대로 완전히 바뀌었다.

뛰어난 왕자들, 빼어난 인재들, 그리고 수십 년 단위의 계획들이 맹렬하게 돌아가던 세종의 시대, 이 모든 것이 존재하고 굴러갈 수 있었던 것은 위대한 왕 세종이 있었기 때문이다. 왕자들은 아버지와 아들이라는 강한 끈으로, 신하들에게는 유능하고 열정적인 상사로, 이 시대 사람들의 너무나도 강렬한 개성은 세종의 조용한 카리스마와 힘을 통해 하나로 묶였다.

아마도 세종과 그의 시대는 우리 역사 오천년에서 가장 찬란한 빛을 발한 창조의 시기였을 것이다. 그것은 세종의 독서를 통한 끊임 없는 탐구열과 창의성에 기인한 것이었다. 또한 세종은 자신의 창의 적 능력을 집현전이라는 기관에서 각 분야의 전문가들을 양성하고 지원함으로써 세종의 시대가 전문가의 시대로 꽃피게 했다. 장영실 은 조선의 시간을 발견했고, 이천은 양반 출신의 기술자였다. 박연 은 조선의 음악을 만들었다. 오례를 정리하여 조선의 정체성을 세웠 으며, 훈민정음 창제로 조선 고유의 문자를 만들었다.

세종이 창제한 한글은 현재 세계에서 가장 우수한 과학적 문자로 평가 받고 있다. 집현전을 설치하여 지혜로운 자들을 한데 모았고, 북방정책으로 나라 북쪽의 경계를 그었다. 실로 세종의 시대는 조선 의 태평성대의 시기였다. 21세기에 한국인이 세계 속에 우뚝 서는 " 한국인의 시대"는 세종이 쌓아놓았던 그 찬란한 업적 위에서 다시 꽃피는 날이 될 것이다.

❸ 이이 | 학문을 바탕으로 개혁을 실천하다

한국인의 시대를 만들기 위하여 역사 속에서 역할을 한 인물 중에 율곡 이이는 책으로 자신을 준비한 분이다. 그 준비된 내공으로 국 가의 미래를 준비한 인물로 율곡 이이는 엘빈토플러 만큼 미래를 내 다보며 준비를 외친 조선 시대의 미래학자라고도 할 수 있다.

율곡 이이는 신사임당의 아들로 무려 아홉 번이나 장원 급제를 했다. 오천 원 권에도 등장하는 율곡이이는 16세기 조선의 대표적인 학자이면서 개혁적인 정치가였다. 그러나 묵은 관습과 제도를 바꾸자는 그의 주장은 쉽사리 받아들여지지 않았다. 율곡 이이는 선조 왕에게 수많은 개혁안을 제시했고, 탄핵이라는 조정 대신들의 질타를 한 몸에 받기도 했다.

그러나 후대 사람들은 율곡 이이에 대해 '만세사표'라고도 칭한다. 율곡 이이는 현실에 만족하지 않고 언제나 개혁을 외치고 왕에게도 직언을 서슴지 않았던 개혁 정치가였다. 율곡은 조선 개국 200년이 경과하면서 많은 폐해가 나타난 조선 사회체제를 전면적으로 개혁하려 했다. 물론 그가 적극적으로 활동할 수 있었던 배경에는 퇴계 이황을 비롯한 선학의 학문적 성취와 선조의 후원이 있었다. 선학의 학문적 성취는 성리학의 이념을 사회 현실에 구현할 수 있다는 자신감을 주었고, 사가에서 성장하면서 사림 출신의 선생에게 배운 선조는 사림에 대한 이해가 깊었다. 즉 이상 사회를 건설 할 수 있는 조건이 성숙해 있었던 것이다.

율곡이이는 평생 공부를 통해서 자신을 준비했고, 준비된 지식으로 국가 경영의 경륜을 펼치며 미래를 내다보았다. 율곡 이이는 미래를 내다보며 '변법경장'을 주장했다. 그는 조선 시대에 살았던 미래학자라고 할 만큼 정확히 미래를 예측했는데, 율곡이 10만 양병설로 당시 국가의 장래를 경고 하였고 그의 말대로 임진왜란이 터져서 조선이 큰 위기에 빠진 것은 너무나 잘 알려진 사실이다.

앞서 말했듯 그가 위태로운 조선을 걱정하며 내세운 수많은 개혁인 중에서 가장 중요한 것이 '변법경장'이다. 율곡 이이가 말하는 변법경장은 '나라의 기강이 무너져 제대로 나라가 돌아가고 있지 않은 것에 대한 개혁의 표출'이라고 할 수 있다. 그가 제시한 변법경장 중에서 몇 가지를 소개한다.

1. 문벌이나 출신보다는 능력 있는 사람을 기용하자.
2. 평민을 포함하여 폭넓게 인재를 양성하자.
3. 중앙에서는 권력 집중화를 막고, 지방에서는 수령의 자질을 높이자.
4. 왕실 사유재산을 억제하고 왕실의 경비를 줄여야 한다.
5. 사창제를 실시하여 빈민을 구제해야 한다.

율곡이이의 이런 개혁정신과 함께 잊지 말아야 할 것이 바로 책 읽기이다. 책 읽기가 무너짐에 따라 한국 사회의 교양 층이 무너지고 있다. 우리 대한민국이 다시 사는 길은 율곡 이이를 대표하는 조선의 선비들처럼 다시 책을 펼쳐야 한다. 책속에 길이 있고 그 책을 통한 지식이 대한민국의 미래를 만들어 갈 것이다.

4 이순신 | 조선의 위기, 하늘은 이순신을 준비했다

"신에겐 아직 12척의 배가 있습니다."라는 대사로 시작되는, 얼마 전 큰 흥행을 한 '명량'이라는 영화 덕에 우리는 더욱 깊이 있게 그를 바라보았다. 물론 영화가 아니더라도 우리에게 존경하는 인물

1위가 세종대왕이라면 늘 2위는 이순신 충무공이다. 이 때 이순신의 이 명언은 전선이야 비록 적지만 아직 본인이 죽지 않았으니 적이 감히 우리를 업신여기지 못할 것이라는 것이다. 과연 이런 용기는 어디에서 나왔을까? 그것은 바로 탁월한 리더십에서 나온 것이 아닌가 한다.

글로벌 경기는 물론 내수 침체로 많은 사람들이 고통스러워하고 있다. 앞서 1장에서도 보았듯 많은 선각자들의 예견과 준비에도 불구하고 현재 대한민국은 성장 통을 앓고 있다. 그리고 이땅의 오늘을 살고있는 한국인들과 특히 젊은이들은 '헬조선'을 외치며 이 나라와 본인의 신세를 저주하고 있다. 이 때 우리는 광화문 한 복판 앞에서 긴 칼을 차고 서있는 이순신 장군을 생각해야 한다. 단순히 외구를 막는다는 의미에서 세워져 있는 동상이 아니다. 분명한 메시지가 있다. 어쩌면 앞서 말한 몽골의 칭기즈칸과 같은 고백이 여기에 있다. 이순신은 영국 런던의 트라팔가 광장에 우뚝 서 있는 넬슨제독보다 위대한 명장이다. 충무공 이순신은 자신의 인생을 이렇게 고백했다.

집안이 나쁘다고 탓하지 마라.
나는 몰락한 역적의 가문에서 태어나
가난 때문에 외갓집에서 자라났다.
머리가 나쁘다 말하지 마라.
나는 첫 시험에서 낙방하고
서른둘의 늦은 나이에 겨우 과거에 급제했다.

좋은 직위가 아니라고 불평하지 마라.

니는 14년 동안 변방 오지의 말단 수비 장교로 돌았다.

윗사람의 지시라 어쩔 수 없다고 말하지 마라.

나는 불의한 직속상관들과의 불화로

몇 차례나 파면과 불이익을 받았다.

몸이 약하다고 고민 하지 마라.

나는 평생 동안 고질적인 위장병과

전염병으로 고통 받았다.

기회가 주어지지 않는다고 불평하지 마라.

나는 적군의 침입으로 나라가 위태로워진 후

마흔 일곱에 제독이 되었다.

조직의 지원이 없다고 실망하지 마라.

나는 스스로 논밭을 갈아 군자금을 만들었고

스물세 번 싸워 스물세 번 이겼다.

윗사람이 알아주지 않는다고 불만 갖지 마라.

나는 끊임없는 임금의 오해와 의심으로

모든 공을 뺏긴 채 옥살이를 해야 했다.

자본이 없다고 절망하지 마라.

나는 빈손으로 돌아온 전쟁터에서

열 두 척의 낡은 배로 133척의 적을 막았다.

옳지 못한 방법으로 가족을 사랑한다 말하지 마라.

나는 스무 살의 아들을 적의 칼날에 잃었고

또 다른 아들들과 함께 전쟁터로 나섰다.

죽음이 두렵다고 말하지 마라.

나는 적들이 물러가는

마지막 전투에서 스스로 죽음을 택했다.

이순신 연구의 전문가 박종평은 〈흔들리는 마흔, 이순신을 만나다〉에서 이순신을 진정한 이순신으로 만든 '삶을 바꾼 열다섯 번의 위대한 만남'을 이야기하고 있다. 이순신에게는 자신의 인생을 위대하게 만든 열다섯 명의 인생 멘토가 있었다.

■ 첫 번째 멘토 | 제갈공명

이순신은 '삼국지'를 통해서 전략가 제갈공명을 만난다. 그리고 제갈공명을 뛰어넘어 전략의 신이 된다.

■ 두 번째 멘토 | 류성룡

이순신과 류성룡은 서로에게 벗이면서 멘토였다. 이순신과 류성룡은 꿈속에서도 비바람을 함께 맞았을 만큼 서로 그리워했던 친구였다. 류성룡은 진흙에 묻힌 보석을 알아보고 이순신을 발탁해 나라를 일제 침략의 위기에서 구하게 했다. 이순신과 류성룡은 거울처럼 서로 배우고 교감했다. 이순신은 벗을 영웅으로 만든 살아있는 멘토 류성룡을 만났다.

■ 세 번째 멘토 | 장량

이순신은 장량을 통해서 단 한 줄의 기록까지 놓치지 않고 기록하는 기록정신을 배워 임진왜란 중에도 난중일기를 기록했다. 한계를 알면 세상의 거친 파도에도 무사함을 배웠다. 상대방의 장점을 높임으로써 음해에 빠지지 않는 지혜를 배웠다.

■ 네 번째 멘토 | 손자

이순신은 '손자병법'의 지혜를 터득하여 싸우지 않고 승리하는 최고의 승리 비법을 배웠다. 이순신은 손자를 뛰어 넘어 유일한 병법을 만들었고 거북선을 만들어 일본군을 격퇴했다.

■ 다섯 번째 멘토 | 오자

이순신은 오자를 통해서 '반드시 죽고자 하면 반드시 산다'는 진리를 배웠다. 영화 '명량'에서 명량해전을 앞둔 군사들에게 이순신이 한 '죽고자 하면 산다'라고 한 유명한 말은 오자의 사상에서 배운 말이다. 이순신은 죽을힘을 다하는 한사람의 힘을 오자에게서 배웠다. 이순신은 '한사람이 길목을 지키면 천명도 두렵게 할 수 있다'는 정신을 배워 명량해전에서 실천했다.

■ 여섯 번째 멘토 | 태공망

태공망은 이순신의 눈과 귀를 열어 주었다. 출세는 늦을 수도 있음을 배웠다. 장수도 공정한 재판을 할 수 있어야 함을 배웠다. 기다림의 지혜는 독수리의 눈에서 나옴을 배웠다.

■ 일곱 번째 멘토 | 사마양저

이순신은 사마양저로부터 '약속으로 얻은 신뢰는 사람을 모은다'는 원리를 배웠다. 명령하지 않고 함께 약속하는 법을 배웠다. 마음은 빛보다 빨리 전달됨을 배웠다. 이순신은 심리전의 대가 사마양저를 만남으로 심리전의 대가가 되었다.

■ 여덟 번째 멘토 | 위료자

지혜의 보고 〈위료자〉는 이순신을 경영자로 만들어 주었다. 이순신은 재원 확보를 위해 여러 가지 활동을 했다. 그 중 가장 유용한 재원 확보 방안은 고기잡이였다. 잡은 생선(주로 청어)으로 군량을 샀고, 그 일을 담당했던 사람들을 포상했다. 이순신은 군사와 백성을 먹고 살게 하는 것이 장수의 기본임을 지혜의 보고 '위료자'를 통해서 배웠다. '위료자'는 이순신에게 경제의 중요성을 가르쳐준 병법서였다.

■ 아홉 번째 멘토 | 전단

이순신은 〈사기〉에 기록된 '전단'이야기를 통해서 '호남은 나라의 보장이 되는 곳'임을 강조했다. 인진왜란 당시 호남지방은 이순신의 철벽방어 덕분에 상대적으로 온전했다. 임금은 이미 서울을 버리고 평양으로 의주로 피난을 갔고, 호남을 제외한 나머지 지역에는 일본군이 득실거렸다. 그 때 이순신은 "호남은 나라의 보장이 되는 곳입니다. 호남이 없으면 곧 나라가 없어지는 것입니다"라고 했다. 이순신은 '전단'의 천재적인 지략으로 난관을 풀었다.

■ 열 번째 멘토 | 조충국

이순신은 인진왜란 중에 나라의 빈 땅을 활용해 백성과 함께 농사를 지었다. 그는 다른 지역에서도 같은 방식으로 농사를 짓게 하자고 종정에 건의 했다. 군량을 확보하고, 피난민이 먹고 살 수 있도록 한 탁월한 아이디어였다. 불필요한 규제를 철폐해 민생을 살리는 일석이조의 혁신안이었다. 그 아이디어는 '백번 듣는 것보다 한번 보는 것이 낫다'고 현장을 강조했던 명장 조충국으로부터 얻은 지혜였다.

■ 열한 번째 멘토 | 곽자의

곽자의는 당나라의 명장으로 시호가 이순신처럼 '충무공'이다. 이순신처럼 수많은 전투에서 승리했고, 황제의 의심과 반대세력의 질투와 견제로 시련을 겪으면서도 묵묵히 자신의 길을 갔고 승리했다. 원균이 패전해 조선 수군이 거의 전멸되었을 때, 이순신은 포기하지 않고 군사를 모아 명량대첩을 이루었다. 곽자의도 이순신처럼 전쟁터로 이동하면서 군사를 모아 승리했다. 이순신은 스스로 책임지는 장수에게 부하는 승리로 보답함을 실천했다. 덕으로 아우르는 자의 힘을 증명했다.

■ 열두 번째 멘토 | 악비

중국의 임진왜란과 비슷했던 금나라의 송나라 침략 시기에 이순신처럼 불패의 신화를 쓴 명장이 악비이다. 이순신과 악비는 문무를 겸비한 지장이고, 용장이며, 시인이었다. 그들은 죽음도 비슷했다. 백성의 신망을 받는 불패의 명장이었기에 적도 두려워했고, 내부의 견제와 의심도 심했다. 그 결과 이순신은 전쟁터에서, 악비는 감옥에서 죽었다. 비극적인 죽음 덕분에 오히려 불멸의 신화로 남은 충무공들이다.

■ 열세 번째 멘토 | 이강

이강과 이순신은 일생 동안 단 한 번도 비겁하지 않았다. 송나라 명장 이강은 이순신의 〈난중일기〉중의 유일한 독후감 〈송사를 읽고〉의 주인공이다. 이강은 금나라와의 휴전을 반대했다. 그러나 휴전을 주장하는 조정에서는 그를 거부했고, 이강도 지쳐 떠나려고 했다. 이순신은 그런 이강의 행동이 무책임하다고 비판했다. 무한 책임을 져야 하는 리더는 그 어떤 경우에도 도망 갈 수 없다. 현실의 고통에서 도피하지 말고 그 고난을 즐기고 끝까지 책임을 다하는 자세가 필요하다. 나라가 망하는 데는 이유가 있다. 장수는 끝까지 포기해서는 안 된다. 한번 도망하기 시작하면 멈 출 수 없다. 이순신 장군은 아무리 힘들어도 자신의 자리에서 벗어나지 않았다.

■ 열네 번째 멘토 | 유기

기적은 끝까지 포기하지 않을 때 미소 짓는다. 송나라와 금나라의 전쟁에서도 이순신의 명량대첩과 같은 기적을 만든 전투가 있다. 송의 명장 유기가 거둔 '순창대첩'이다. 유기는 5천명의 군사로 10만 명의 금나라 군사를 격파했다. 전투 작전에 유기와 이순신이 처한 상황은 똑 같았다. 전투를 해야 할지 피해야 할지 격론이 일었다. 그때 유기에게는 허청이, 이순신에게는 정운 등이 '죽음 속에서 살 길을 찾자'며 끝까지 포기 말고 싸우자고 건의했다. 그리고 그 힘과 지혜로 결국 승리했다. 유기와 이순신은 보여 주었다. 절박함을 바탕으로 한 솔선수범은 두려움을 무너뜨린다. 죽음 속에서 살길을 찾으면 반드시 승리한다.

■ 마지막 열다섯 번째 멘토 | 순자

처음과 끝을 한마음으로 성웅이 되다. 끝과 처음을 한결같이 하는 시종여일과 용두사미의 결과는 하늘과 땅 차이다. 순자가 말한 '시종여일'은 나를 지키며 세상을 바꿀 수 있는 가장 기본적인 태도다. 이순신을 불패의 명장, 탁월한 경영자, 천재 지략가로 만들고 삶까지 비슷하게 살게 한 멘토와 롤모델은 많다. 그러나 그 모든 것의 최고점인 '리더 이순신'을 만든 멘토는 순자다. 〈순자〉에는 현명한 리더라면 깊이 고민해야 할 모든 것이 담겨있다. 이순신의 승리의 원천은 일심과 동심이었다. 어진자의 군대는 무적이다. "백성을 사랑하는 것이 민심을 얻는 길이다"라고 말한 순자의 말이 이순신을 백성 사랑으로 이끈 말이었다.

지금 온 세계가 불경기에서 허덕이고 있다. 대한민국도 예외가 아니다. 그러나 어떤 불경기가 오고, 시련이 닥칠지라도 "아직 신에겐 12척의 배가 있습니다."라고 말한 이순신 장군의 용기를 기억해야 한다. 이순신 장군이 남긴 인생 고백은 우리를 어떤 환경 속에서도 다시 일어서게 하는 힘을 준다. 영화 '명량'을 보더라도 이순신은 분명 우리에게 글로벌 리더십의 모범을 보여주고 있다. 그리고 이런 리더십은 독서를 통해 만난 15명의 멘토들이 있었기에 가능했음을 알 수 있다.

2016년 가을 대한민국을 뒤흔든 최순실 게이트와 박근혜 대통령의 리더십 붕괴의 상태에서 촛불을 들고 대한민국의 미래를 외치는 천만의 성난 한국인들에게 광화문 광장의 큰 칼을 찬 이순신 장군은 분명히 메시지를 전하고 있다. 조선의 위기 때에 하늘은 이순신을 준비했다. 오늘날 대한민국의 시대에 하늘은 분명히 누군가를 준비했을 것이고, 또 준비하고 있을 것이다. 그런 의미에서 현재 우리는 분명히 이순신의 글로벌 리더십을 제대로 배워야 할 필요가 있다.

⑤ 정조 | 개혁과 탕평으로 대통합을 꿈꾸다

조선왕조 500년이나 지금이나 비슷한 정국이 있다. 바로 파벌싸움이다. 노론이니 서론이니 남인이니 북인이니 하는 것이 오늘날 정파 간 계파 간 싸움과 그리 달라 보이지 않는다. 그것이 민생을 위해 방법론적인 부분에서 보수와 진보라는 철학적 차이라면 건강한 것이라 하겠다. 하지만 정파 간 계파 간 그 이익에 따라서 그때그때마다 다른 것은 예나 지금이나 다름이 없다. 그렇기에 한국의 시대를 준비한 위인 중에 개혁과 탕평으로 대통합을 꿈꾼 정조 대왕이 빠질 수 없다. 세종대왕과 더불어 가장 존경받는 왕인 것도 바로 이 이유일 것이다.

정조대왕은 현재 대한민국에 가장 필요한 정치적 리더십의 표상이다. 탕평책이 그 대표적인 정책인데, 당쟁을 막기 위해 당파간의 정치 세력에 균형을 꾀하려던 정책이다. 오늘날로 치면 연정이 이에 해당할 것이다. 백성을 돌보는데 당과 파벌이 있을 수 없다. 초월해야 한다. 정조 대왕은 한국의 시대를 위해 몇 백 년 전부터 이미 이런 당파 싸움의 폐해를 알고, 군주로서 탕평책을 통해 개혁을 하려했다. 물론 이 탕평책은 그 위 숙종과 영조 때부터 추진해 온 일이지만 정조는 이를 완성하고, 이를 기반으로 개혁을 꿈꾼 대왕이기에 그 의미가 크다 하겠다.

그 개혁으로 우선, 정조는 보다 백성들과 더 많이 만나기 위해 노력하고, 상언(상소) 등의 제도에 있는 신분적 차별을 없애 누구든 억울함이 있으면 왕에게 직접 호소 할 수 있도록 했다. 또한 왕의 재물을 관리하던 내수사란 곳의 도망친 노비들을 추적하는 관직을 없애고, 암행어사 제도를 통해 악법을 개혁하도록 했다. 이 밖에도 군사 및 재정의 혁신을 위한 여러 정책들을 폈는데 49세란 나이로 일찍 세상을 뜨지 않았으면 보다 많은 개혁과 백성을 위한 정책들이 나왔을 것으로 생각된다.

특히 탕평책의 완성으로 오늘날까지 이어오는 당파, 파벌 간 싸움에 대통합의 모델을 완벽히 제시해 주었을 것이다. 비록 그 탕평책과 개혁이 완성된 것은 아니지만 오늘날 한국의 시대가 속히 오도록 그 준비를 하고, 그 모델이라는 비전을 세운 것은 분명하다.

6 정약용 | 독서와 책의 힘으로 실학사상을 집대성하다

다산 정약용의 생애에서 가장 중요한 시기를 꼽으라고 하면 강진에 유배가 있었던 18년간의 기간이라고 하겠다. 개인적으로는 불행하고 힘든 시기였으나 다산은 그 강진유배 18년의 세월동안 수많은 책을 보며 목민심서를 비롯한 520여권의 책을 써서 남겼다. 다산은 다산 초당에서 새로운 미래를 꿈꾸었다. 꽁꽁 얼어붙은 강진 땅에서 민족의 미래를 위해 새로운 희망의 씨앗을 심었다.

정약용이 유배지 강진에 도착한 것은 1801년^(순조1년) 11월 말의 쌀쌀한 초겨울이었다. 강진 사람들은 정약용을 귀양 온 죄인이라 하여 선뜻 받아주려 하지 않았다. 그래서 정약용은 머물 곳을 찾지 못하고 있었다. 다행히 정약용을 딱하게 여긴 주막의 노파가 방 하나를 내주었다. 정약용의 강진 생활은 소란스러운 주막의 뒷방에서 시작되었다. 그러나 강진 사람들은 정약용을 마치 전염병에라도 걸린 사람처럼 대했다. 정약용이 머무는 주막의 문을 부수거나 담을 무너뜨리기도 했다. 정약용을 감시하는 눈들도 이전보다 많아졌으며 아무도 말을 걸거나 상대해 주는 이가 없었다. 하지만 정약용은 절망하지 않았다. 마음을 가다듬고 주막의 한 귀퉁이에 '사의재'라는 글씨를 적었다. '사의재'란 4가지 마땅함, 즉 생각은 맑게, 몸가짐은 엄숙하게, 말은 과묵하게, 행동은 무겁게 한다는 것이었다. 정약용은 골방에 틀어박혀 학문에만 몰두했다. 때로는 먹고 자는 것도 잊으면서 책을 보았다.

시간이 지나면서 정약용을 도와주는 사람들이 몇몇 나타났다. 대역죄인 정약용을 도와주는 것은 매우 위험한 일이었다. 그 때문에 정약용을 도와주는 사람들은 남의 눈을 피해 밤에 몰래 찾아오곤 했다. 정약용은 이러한 사람들의 도움으로 책을 구해보고 생활도 그럭

저럭 할 수 있었다. 비록 주막의 생활이 불편하긴 했어도 드나드는 많은 사람들로부디 세상 이야기를 들을 수 있었다. 사람들의 이야기를 통해 강진 땅의 백성들이 관리들의 횡포로 고통 받으며 살아가고 있다는 것을 알게 되었다.

그러던 어느 날, 정약용은 낳은 지 사흘 된 갓난아기마저 세금을 내야 하거나 아니면 직접 근무해야 하는 군인으로 등록되자, 스스로 거세한 젊은 아버지의 이야기를 듣게 되었다. 그러한 사정을 전해들은 정약용은 비통함을 참기 어려웠다. 정약용은 이런 비통함을 '애절양'이라는 시를 지어 나타냈다. 정약용은 사람의 도리를 올바로 배우고 이해하지 못했기 때문에 세상이 병들고 썩을 수밖에 없다고 판단했다. 그래서 정약용은 사서육경에 대한 새로운 해석을 내리는 작업에 몰두 했다. 그래서 후에 232권에 이르는 방대한 경학 연구서를 저술해 냈다. 그리고 〈경세유표〉, 〈목민심서〉, 〈흠흠신서〉등의 경세서를 냈다. 그 책들에는 낡고 썩은 법과 제도를 고치거나 바꾸지 못했기 때문에 세상은 타락하고 백성은 고통에서 벗어나지 못한다는 정약용의 생각이 잘 담겨 있다.

정약용은 개혁을 위해 많은 노력을 했다. 그러한 노력의 결실이 유배지 강진에서의 18년 동안 다산초당에서 학문의 꿈으로 결실을 맺게 되었다. 정약용은 강진에 머무는 18년 동안 제자를 가르치고 저술에 몰두했다. 비록 어려운 유배지에서의 생활이었지만 자신의 생애 중 학문적으로 가장 빛나고 풍성한 수확을 거둘 수 있었던 시기 였다. 정약용의 꿈은 백성을 살찌우는 일이었다.

정약용은 18년의 긴긴 유배생활을 마치고 마침내 고향인 마재로 돌아왔다. 정약용은 고향에 돌아온 후로 옛 벗들을 만나 회포를 풀고, 산수를 노닐며 유배지에서 쌓인 심신의 피로를 풀었다. 유배지에서 풀려난 이듬해인 1819년(순조19년), 정약용은 〈흠흠신서〉 30권을 완성했다. 이로써 유배 생활 중에 저술했던 〈경세유표〉, 유배 생활에서 풀려난 후에 쓴 〈목민심서〉와 더불어 경제론의 3부작을 완성하게 되었다. 또한 그해에 잘못 사용하는 언어의 본뜻을 고증한 〈아언각비〉3권을 저술했다. 1882년(순조22년) 정약용은 회갑을 맞이하여 '자찬묘지명'을 지어 파란 많았던 60평생을 정리했다. 그리고 이미 이루어진 저술과 업적들을 수정하고 보완하는데 힘을 기울였다. 1836년(현종2년) 2월 22일 아침, 정약용은 마재의 고향집에서 75세의 나이로 세상을 떠났다. 부인 홍씨도 2년 뒤, 78세의 나이로 세상을 떠났다.

정약용은 실로 다양한 분야에서 뛰어난 재능을 보인 사람이었다. 비록 생애 중 많은 시간을 유배지에서 보내야 했지만, 정약용은 절망하지 않고 백성들을 위해 실질적인 도움이 될 수 있는 것들을 책으로 만드는 작업에 최선을 다했다. 비록 꿈을 다 이루지는 못했지만 정약용은 부패와 횡포로 얼룩진 관리들 때문에 고통 받는 백성들에게는 캄캄한 어둠속 등불 같은 존재였다.

정약용에 대해서 돌이켜보며 결론을 맺자면, "조선 실학을 학문적으로 집대성한 대 학자이며 520여권의 저서를 남겼다. 유배지에서의 18년 동안, 독서로 학문을 체계화하고 수많은 저서를 남겼다."

고 정리 할 수 있다. 그는 이런 독서에 관한 고백을 남겼다. "유배지에 도착해서 방에 들어가 창문을 닫고 밤낮으로 혼자 외롭게 살았다. 나에게 말을 걸어주는 사람 하나 없었기 때문이다. 그러나 나는 오히려 그런 상황이 고마웠다. 그래서 이제야 독서할 여유를 얻었구나 하면서 기뻐했다." 다산에게 독서는 패가망신한 자신의 처지를 도리어 행운으로 여기게 할 정도로 소중한 것이었다. 그는 독서를 자기 자신보다 더 귀하게 여긴 사람이었다.

이 때문에 그는 조선 후기 실학의 대가로 대계를 이루었다. 그는 신유사옥에 연루되어 1801년부터 18년 동안 유배지에서 귀양살이를 했다. 나이 마흔에 귀양살이를 시작해서 쉰일곱 되던 해에야 다시 고향으로 돌아올 수 있었다. 그 유배생활을 통해 다산은 [경세유표], [목민심서] 등 520권의 책을 지었고 결과적으로는 조선실학의 대계를 세운 것이다.

귀양살이를 비롯해 이런 절망에 놓인다면 누구든지 포기하고 싶었을 것이다. 필자도 비슷한 경험이 있다. 유배까지는 아니지만 생을 놓고 싶을 만큼 절망이 크게 다가왔다. 그러나 다산은 달랐다. 다산은 모함과 유배의 고난 길에서 자신을 돌이켜보고 주어진 환경 속에서 백성을 위해 자신이 해야 할 일이 무엇인지 찾고자 했다.

그리고 관념이 아닌 현실 속에서 해답을 만들어 내고자 실천했다. 강진에서 세운 다산의 목표는 성호 이익과 퇴계 이황의 학문세계를 사숙하는 것이고, 비전은 자신이 가진 지식과 경험을 백성들이 편하게 활용할 수 있도록 하는 것이었다. 다산은 강진에서 자신이 배운 지식을 그저 스스로 갖고 있는 것만이 아니라 지혜로 활용할 줄 아는 실학자가 되겠다는 비전을 세운 것이다. 다산은 자신의 비전을 이루기 위해 18년 동안 유배생활을 하면서 520여 권에 이르는 엄청난 실학 저술을 남겨 오늘날 한국의 시대를 준비했다.

오늘날 한국의 시대를 준비하며 우리에게 남겨준 유산이 그저 실학만은 아니라고 생각한다. 다산 정약용은 그를 통해 큰 교훈을 남겼다. 역경이 많은 대한민국은 그에게서 포기 할 줄 모르는 강한 열정과 뚜렷하고도 실제적인 비전을 배워야 한다. 다산이 절망을 극복하고 후세의 사람들에게 존경을 받는 것은 역경 가운데서도 큰 비전을 가지고 있었기 때문이다. 다산은 우리에게 최악의 역경 가운데서 최선의 결과를 남긴 삶의 발자취를 남겨주었다. 우리 대한민국도 현재 많은 역경에 처해있다. 하지만 세계를 평화와 문화로 이끌겠다는 비전과 꿈을 크게 품어야 할 것이다.

다산 정약용은 또한 실학을 집대성한 지식경영의 대가였다. 다산은 "인생의 보람은 공부뿐이다."라고 했다. 다산 정약용은 복사뼈에 세 번 구멍이 날만큼 독서와 저술에 몰두 했다. 다산의 공부법의 중요한 점은 초서 공부법이었다. 다산은 중요한 부분을 옮겨 썼다. 다산은 실제 쓸모가 없으면 헛공부라고 까지 했다. 다산은 "공부를 해야 제대로 된 사람이 된다."고 했다. 공부할 때 해야 할 세 가지 일을 다음과 같이 말했다. 용모를 단정하게 할 것, 엄숙하게 말을 할 것, 안색을 바르고 진실하게 할 것을 말했다. 다산은 공부를 인생의 본

분이라고 했다. 일정을 꼼꼼하게 세워서 공부하라고 했다.

다산의 위대함은 기록의 위대함이었다. 기록하는 공부를 하라고 했다. 다산을 위대하게 만든 공부법은 "공부 계획을 세우고 책에 따라 읽는 방법을 달리하라. 기록하는 공부, 즉 손을 움직이는 공부를 하라. 깊이 생각하는 공부, 즉 뇌를 움직이는 공부를 하라."이다. 오늘날 다산이 우리에게 물려준 유산은 실로 방대하다 아니할 수 없다. 다산은 이렇게 한국인의 시대가 오도록 준비를 했다.

7 **유길준** | 최초의 근대화 개혁서 [서유견문록]을 쓰다

객관적인 시야에서 볼 때 유길준을 한국역사를 만든 8인의 인물에 선정하는데 많은 고심을 했다. 그러나 유길준이 쓴 〈서유견문록〉이 근대로 가는 한국에 문을 열어주는 기록 이였다는 점에 주목했다. 실로 기록된 문자의 힘은 크기 때문이다. 21세기 한국의 희망을 위한 이 책 〈한국이 온다〉를 쓰는 이유이기도 하다. 서기 2000년의 최고의 인물을 뽑는 영국의 다큐에서 최고 1위를 차지한 사람이 구텐베르크였다. 이유는 그가 발명한 인쇄술이 책이라고 하는 매체를 만들게 했고, 그 책을 통해서 인류 문명은 최고의 진보를 했기 때문이다. 마르코폴로가 〈동방견문록〉을 썼던 것이 결국 콜럼부스로 하여금 동방과 신대륙을 발견하게 된 계기가 되었던 것과 같다. 기록된 책의 힘은 그만큼 크고 위대한 힘이 있다. 유길준의 서유견문록에 주목하는 이유는 그가 쓴 책이 은둔에 가려있던 조선에 서구의 세계를 처음으로 글로 써서 소개한 점에 있다.

이 책은 제목에서 느껴지는 것과 같은 단순한 서구기행문이 아니라, 서구의 '근대'모습을 보고 우리의 근대를 어떻게 건설할 것인가를 정치 경제 법률 교육 문화 등 각 부문의 구체적인 내용과 그 방법론을 체계적으로 제시한 책이다. 1888년 박영효가 지은 「조선국 내정에 관한 건백서」(『일본외교문서』,21권. 292~311면)에서 국정개혁 구상을 밝히고 있지만 그 분량과 내용의 심도에서 『서유견문록』에는 미치지 못하고 있다.

따라서 이 책은 한국의 시대를 준비한 한국 최초의 체계적인 근대화 서적이라고 말할 수 있다. 이 책은 서문에서 밝히고 있듯이 1882년 여름 한국 최초의 일본 유학생으로 일본에 체류하던 중 구상되기 시작했다. 당시 그는 일본이 30년 만에 부강을 이룬 원인이 서구의 제도와 법규를 모방한 것이라는 사실을 알게 되었다. 이에 서구의 진상을 알아야 되겠다고 생각하던 차에 조선정부가 구미제국과 조약을 맺기로 했다는 소식을 듣고 구미 각국 등 바깥 세상에 대한 견식을 넓힐 목적으로 책을 쓰기로 작정했다. 또한 당시 일본에서 그의 스승 후쿠자와 유키치(福澤諭吉)가 지은 『서양사정』이 베스트셀러가 되어 일본국민의 개화 계몽에 절대적인 영향을 미치고 있는 것을 보고 자신도 그와 같은 책을 써보기로 결심한 것이다.

그러나 임오군란 발발을 계기로 서둘러 귀국, 작업이 일시 중단되었다가 실제 집필은 미국 유학 후 연금 기간 중인 1887년부터 본격적으로 진행되었다. 이 과정에서 그는 틈틈이 써 둔 원고 외에 각종 외국서적을 번역해 인용 또는 참고했다. 특히 그의 일본 스승이 쓴 베스트셀러인 『서양사정』과 제목 및 내용이 일치하거나 비슷한 점이 많은 점으로 미루어 볼 때 이를 가장 많이 활용했음을 알 수 있다. 원고는 1889년 늦봄에 완성되었는데 그는 1000부의 책을 찍어 판매하지 않고 정부고관을 비롯한 당시의 유력자들에게 기증함으로써 자신이 주도하던 갑오개혁의 필요성과 정당성을 홍보하는데 주력했다.

필자가 한국의 시대를 준비한 선각자 중에 유길준에 시선을 둔 이유는 현재 대한민국의 현실이 G2로 급부상하고 있는 중국과의 역학적 관계가 매우 비슷할 때에 "세계는 넓다. 중국이 세계의 중심이 아니다."라는 웅변을 했기 때문이다. 개화 또는 근대화의 출발은 전통의 중국 중심 세계관에서 벗어나는 것에서부터 시작되어야 한다고 믿고, 「방국의 권리」, 「상고의 대도」등을 본론해서 폈다. 여기에서는 국제관계·정치체제·인민의 권리·법률·교육·상업·조세·화폐·군대·종교·학술 등 각 분야의 근대적 개혁의 내용을 상술하고 있고 결론에서는 「개화의 등급」을 통해 개화의 개념과 그 방법론을 논하고 있다. 이 글은 당초에는 없었는데, 출판 직전, 갑오경장을 주도하는 시점에서 개혁의 구체적인 방법과 의지를 담아 삽입한 것으로 보인다.

일부 몰지각한 사람들은 일제의 강점기 때문에 한국이 근대화를 이루었다는 망발을 하고 있다. 유길준이라는 선각자는 이미 일제 강점기 이전에 한국의 근대화를 준비했다. 일제 강점기가 아니더라도 한국의 근대화라는 시대는 유길준을 비롯한 많은 선각자들에 의해서 준비가 되었고, 이루어 졌을 것이다. 특히 유길준의 '근대화론'의 특징은 전통의 장점을 살리고 전통의 단점을 서구의 장점의 도입으로 보완하는 '취장보단(取長補短)'과 전통과 근대의 중용적 입장을 견지하고 있다는 것이 특징이다.

이는 오늘날 대한민국의 전통과 고유의 문화를 중심으로 서양의 문화를 한국화 시켜 한류를 만들어 내는 중용과도 일맥상통한다고 생각한다. 대한민국의 이런 근대화 유전자는 바로 이때부터 시작되었다고 해도 과언이 아니다. 유길준의 이 『서유견문록』은 『독립신문』·『황성신문』 등에 원문 그대로 인용되거나 그 논지가 실리기도 했으며, 이승만, 안창호를 비롯한 지식인 정치가 등 계몽 운동가들에게도 탐독됨으로써 개화사상을 보급하고 개화운동을 발전시켜 나가는데 크게 기여하며 한국의 시대를 준비한 것이다.

8 김구 | 문화 강국 코리아의 비전을 제시하다

통일코리아와 문화대국을 꿈꾸는 우리에게 있어서 무엇보다 중요한 것은 "대한민국은 어떤 나라가 되어야 하는가?"에 대한 답을 찾는 일이다. 과연 우리의 꿈은 무엇이 되어야 하는가? 이 문제와 관련하여 여러 가지 주장들이 있을 수 있겠지만 그 열쇠를 백범 김구의 예지(叡智)에서 찾을 수밖에 없다.

1919년 3.1운동 이후 중국에서 이루 말할 수 없는 고초를 겪으며 해외독립운동의 본산인 대한민국 임시정부를 이끌었고, 1945년 8.15 해방 이후 혼란의 좌우대립 속에서 민족자존과 독립사상을 지키기 위해 끝까지 분투했던 백범 김구가 꿈꾸었던 나라는 민족이 하나 되어 문화로 융성하는 나라였다. 그러기에 선생은 "몸이 반으로 갈라질지언정 허리 끊어진 조국은 차마 볼 수 없노라"고 절규했고, "한없이 갖길 원하는 것은 경제력도 군사력도 아닌 오직 높은 문화의 힘이다."라고 강조하고 또 강조했다.

21세기, 더욱 빠르게 진전되는 글로벌화에서 역설적으로 생존경쟁의 단위로서 '민족'의 개념이 중요시 되고 있고, 그 민족이 갖고 있는 문화의 수준과 지식의 양이 한 나라의 국력과 미래를 평가하는 중요한 척도가 된다고 했다. 따라서 분단을 극복하고 하나 된 우리 민족이 창의문화로 우뚝 서길 바란 백범의 꿈이야말로 참으로 오늘 이 시대를 예견한 혜안이요 놀라운 통찰력이 아닐 수 없다. 백범의 꿈이 오늘을 사는 우리의 꿈이 되어야 하는 이유가 바로 여기에 있다. 평생 교육자로 자처했던 선생의 저서 〈백범일지〉야말로 오늘날 대한민국이 세계 속에 우뚝 서기 위해서 더욱 절실한 정신이 아닌가 한다.

백범은 〈내가 원하는 우리나라〉를 이렇게 말했다.

나는 우리나라가 세계에서 가장 아름다운 나라가 되기를 원한다.
가장 부강한 나라가 되기를 원하는 것은 아니다.

내가 남의 침략에 가슴이 아팠으니,

내 나라가 남을 침략하는 것을 원치 아니한다.

우리의 부력(富力)은 우리의 생활을 풍족히 할 만하고,

우리의 강력(强力)은 남의 침략을 막을 만하면 족하다.

오직 한없이 가지고 싶은 것은 높은 문화의 힘이다.

문화의 힘은 우리 자신을 행복 되게 하고,

나아가서 남에게 행복을 주기 때문이다.

지금 인류에게 부족한 것은 무력도 아니오, 경제력도 아니다. 자연과학의 힘은 아무리 많아도 좋으나, 인류 전체로 보면 현재의 자연과학만 가지고도 편안히 살아가기에 넉넉하다.

인류가 현재에 불행한 근본 이유는 인의(仁義)가 부족하고, 자비가 부족하고, 사랑이 부족한 때문이다. 이 마음만 발달이 되면 현재의 물질력으로 20억이 다 편안히 살아 갈 수 있을 것이다.

인류의 이 정신을 배양하는 것은 오직 문화이다.

나는 우리나라가 남의 것을 모방하는 나라가 되지 말고,

이러한 높고 새로운 문화의 근원이 되고, 목표가 되고,

모범이 되기를 원한다.

백범 김구의 〈내가 원하는 우리나라〉의 내용에서 보았듯이, 이미 백범은 우리민족이 문화 강국 코리아로서 세계 속에 기여할 민족의 가능성과 잠재력을 보았던 것이다. 그의 말대로 한국인은 세계 곳곳

에서 문화강국 코리아의 이미지를 심어가고 있다.

세계 곳곳에서 한글을 배우고자 하는 사람들이 늘어나고 있고, K-POP은 세계인들을 열광시키고 있으며, 한식 중의 김치, 불고기, 비빔밥은 이미 세계인의 입맛을 사로잡은 세계인의 브랜드가 되었다. 태권도, 아리랑도 세계인이 좋아하는 브랜드가 되었다. 아마도 백범 김구선생은 우리 민족이 한류 열풍으로 세계에 문화선진국이 되어 어느 시대보다도 가장 넓은 문화 영토를 누비게 될 것을 미리 내다보며 한국의 시대가 오도록 준비한 것이 아닌가 한다.

한국인의
우수성과
글로벌코리안들이
있다

한국인의 우수성과 글로벌코리안들이 있다

제5장에서는 '한국인의 우수성과 우리에게 자긍심을 심어주는 글로벌 코리안'을 이야기 하려고 한다. 한국에서 15년간 기자 생활을 한 영국인 기자 '마이클 브린'은 '한국인을 말한다'라는 책에서, "한국인은 부패, 조급성, 당파성 등의 문제가 많으면서도 훌륭한 점이 많다."고 했다.

마이클 브린은 [한국인을 말한다]라는 책에서 한국인에 대해 다음과 같이 말한다. 평균 IQ 105를 넘는 유일한 나라, 일하는 시간 세계 2위, 평균 노는 시간 세계 3위인 잠 없는 나라, 문맹률 1% 미만인 유일한 나라, 세계 유일의 분단국가이며 아직도 휴전인 나라, 노약자 보호석이 있는 5개국 중 하나인 나라, 세계 2위 경제대국 일본을 우습게 보는 나라, 여성부가 존재하는 유일한 나라, 지하철 평가 세계1위로 청결함과 편리함 최고인 나라, 세계 봉사국 순위 4위인 나라, 문자 없는 나라에게 유엔이 제공한 문자는 한글이다(현재 3개 국가가 국어로 삼고 있음), 가장 단기간에 IMF를 극복해 세계를 경악시킨 나라, 유럽 통계 세계 여자 미모순위 1위인 대한민국, 미국 여자 프로골프 상위 100명중 30명이나 들어간 나라, 세계10대 거대 도시 중 한 도시를 보유하고 있는 나라(서울), 세계4대 강국을 우습게 보는 배짱 있는 나라, 인터넷, TV, 초고속 통신망이 세계에서 최고인 나라, 세계에서 가장 많은 발음을 표기 할 수 있는 문자를 가진 나라(한글 24개 문자 1,100의 소리를 표현 가능. 일본은 300개, 중국은 400개 불과), 세계 각국 유수 대학의 우등생 자리를 휩쓸고 있는 나라(2위 이스라엘, 3위 독일), 한국인은 유태인을 게으름뱅이로 보이게 하는 유일한 민족, 까칠하고 비판적이며 전문가다운 뺨치는 정보력으로 무장한 한국인, 세계에서 가장 기가 센 민족, 한국인은 강한 사람에게 꼭 '놈'자를 붙인다. '미국놈, 왜놈, 떼놈, 러시아놈' 등 무의식적으로 '놈'자를 붙여 깔보는 습관이 있다, 약소국에는 관대하다. '아프리카 사람, 인도네시아 사람, 베트남 사람' 등 약소국엔 '놈'자를 붙이지 않는다.

한, 중, 일 삼국 중 한국의 진달래가 가장 예쁘고, 인삼의 질도 월등하다, 물맛도 최고이고, 음식도 맛있다. 세계에서 한국의 꿩처럼 아름다운 꿩이 없고 한국의 한우처럼 맛있는 고기는 없다. 한국은 많은 독립운동 애국자를 배출한 나라이다. 1950년 해방 무렵 한국은 파키스탄 제철공장으로 견학가고 필리핀으로 유학을 떠났다. 이제 역으로 그들이 한국을 배우러 온다. 국력으로 끝에서 2, 3번째 하던 나라가 이제 세계 10위권을 넘보고 있다. 현재 한국은 중국에게 리드를 당할까봐 겁내고 있다. 절대 겁내지 마라. 한국과 중국은 기부터 다르다. 세계 IT강국 타이틀은 아무나 갖는 자리가 아니다. 180년 주기로 한국의 기운은 상승하는데 지금이 비로 그때다. 어느 정도 난관이 있을지 모르지만 이를 극복하고 도약하리라 믿는다.

한국의 객관적 지표들이 현저히 나빠지고 있다. 보다 큰 불행의 전주곡들이 여기저기서 들려오는 듯하다. 하지만, '궁하면 통하고 극에 달하면 반전하게 된다.'했으니 머지않아 반전의 기회가 오리라 믿는다. 한국은 필리핀이나 아르헨티나, 그리스처럼 추락할 때까지 절대 지켜만 보고 있지는 않을 것이기 때문이다.

우리나라는 삼면이 바다로 둘러싸인 반도국가에 해당한다. 반도는 육지에서 바다로 나가는 시발점이자, 바다에서 육지로 이르는 교두보 역할을 한다. 한반도는 대륙으로는 중국, 러시아, 유럽으로 진출 할 수 있다. 바다로는 태평양, 인도양으로 뻗어 나갈 수 있는 동북아의 관문 역할을 한다.

일본과 중국 등 세계경제의 1/5를 차지하는 지역의 중심에 바로 대한민국이 있다. 한국이 얼마나 중요한 위치에 있는지는 세계 지도를 통해서 잘 드러난다. 서울을 기점으로 캠퍼스를 사용해 원을 그리면 세계 경제의 주요 거점들이 한국에서 1박2일 일정으로 출장이 가능하다. 지도를 거꾸로 놓고 보면 한반도가 대륙의 귀퉁이가 아닌 아시아와 태평양을 향해 뻗어 나가는 전략적 요충지란 것을 쉽게 알 수 있다.

이런 특성으로 인해 예로부터 우리나라는 반도국가로서의 특성을 골고루 갖게 되었다. 대륙적 기질과 해양적 기질을 함께 갖게 된 것이다. 지정학적으로는 대륙에 붙어있는 고립적인 성격으로 주변 열강의 침략으로 숱한 고초를 겪었다. 그러나 문화적으로는 대륙의 선진 문화를 받아 들여 찬란한 문화를 꽃피웠다. 지리적인 특성을 살려 훌륭한 문화를 창조하는 능력을 발휘한 문화민족으로 발전시킨 것이다.

대륙적 환경은 대한민국 민족을 기동성과 강인성을 지닌 민족으로 만들었고, 해양적 조건은 탁월한 감수성과 예술성을 지닌 민족으로 만들었다. 역사가 토인비는 역사를 '도전과 응전의 역사'라고 했다. 토마스 칼라일은 역사는 영웅들의 역사라고도 했다. 그러한 의미에서 볼 때 한반도에서 면면히 이어온 오천년 한국 민족의 역사는 외세 침입에 맞서 지켜온 도전과 응전의 역사요, 한반도를 지켜온 한국인들의 고난과 웅비의 역사이다. 이번 장에서는 이런 부분을 포함해 주요 한국인의 우수성을 살펴보도록 하겠다.

■ 한글은 세계 최고의 과학적 문자

훈민정음이 반포된 지 470돌이 되었다. 외래어 남용과 비속어의 사용으로 한글이 홀대되는 안타까운 상황에서도 여전히 한글은 인류의 문자가 지향해야 할 최고의 문자로서 한국의 대표 브랜드이자 인류의 소중한 유산이다. 한글은 천지자연의 소리를 바탕으로 만든 과학적인 글자이다. 인류는 좀 더 과학적인 문자를 쓰기위해 애써왔다. 그래서 한자와 같은 뜻 문자나 자음과 모음이 분리되지 않은 일본의 음절 문자보다는 자음과 모음이 분리되어 실용적인 영어 알파벳과 같은 자모문자를 발전시켜왔다.

한글은 과학 특성을 온전히 갖추고 있는 독창성과 우수성의 문자이다. 또한 이 문자에 세종대왕의 애민정신이 깃들여져 있으니 이보다 더욱 훌륭한 문자가 있을까 싶다. 특히 이 세상에 존재하는 수많은 문자 중에서도 창제자, 장체목적, 원리, 과정 등을 분명하게 확인할 수 있는 유일한 문자가 바로 한글이다. 이러한 문자를 쓰는 우리 대한민국 국민은 이런 우수한 유전자를 이미 갖고 있는 것이다.

하지만 우리는 지금도 세계 공용어인 영어를 배우고, 급부상하는 중국어를 어릴 때부터 배우느라 많은 돈을 쓰면서 모국어가 세계 공통어가 아닌 것을 통탄하고 있다. 독창적이고 우수한 우리 언어가 있는 민족이라는 것만큼 문화적 역량을 한 마디로 드러내는 것은 없다. 바로 우리 대한민국 국민은 이런 지혜로운 유전자를 갖고 태어난 것을 잊지 말아야 한다. 그리고 이 지혜를 더욱 계승 발전시키기 위해 올바른 한글의 사용과 한글의 세계화에 앞장서야 할 것이다.

2 한류원조 | 고난을 딛고 일어난 720만 재외 동포들의 애국심

한국인들은 해외에 나가면 애국자가 되고, 나가서 펄럭이는 태극기만 봐도 눈물이 난다. 운동경기 할 때 울려 퍼지는 애국가 소리만 들어도 감격한다. 오랜 해외 생활을 하고 23년 만에 고국 땅을 처음 밟은 지인은 한국 땅에 도착하자마자 땅에 입을 맞추었다고 한다. 그만큼 한국인들은 애국심이 있는 민족이고, 나라에 대한 사랑이 지극한 민족이다.

세계 속에 웅비하고 있는 글로벌 코리아의 저력은 그동안 오대양 육대주 해외에서 온갖 고난을 겪으면서 일어서고 있는 720만 재외 동포들의 저력의 힘이라고 봐도 과언이 아니다. 이 분들이야 말로 진정 현재 불고 있는 한류의 원조이다. 현재 '헬조선'이라고 불리는 것처럼 이 나라를 도망치듯 그저 먹고 살기 위해서만 떠난 것이 아니다. 자식의 교육을 위해서, 가난한 집을 일으켜 세우기 위해서 타국의 설움을 받으며 성실하게 일한 것이다. 그리고 그 전에 일제 강점기에 하와이로 가게 되어도, 사탕수수 밭에서 피나게 일하면서도 고국의 독립과 발전을 위해 한국으로 송금한 우리 민족의 이 유전자를 무어라 설명할 수 있을까.

많은 사람들이 흩어진 이스라엘 민족이 다시 모여 나라를 만드는 것을 보고들 감탄을 한다. 어떻게 보면 720만 재외 동포들이야말로 자랑스러운 한국인의 표상이고 세계 속에 우뚝 서는 글로벌코리아를 만드는데 기여하고 있는 일등 공신들이 아닌가 한다. 역시 우리의 피 속에는 세계 어느 나라에서도 유래를 찾기 힘든 이런 애국심이 있다.

앞서서도 하와이 강제 이주민의 이야기를 했지만 특히 고려인들의 강제 이주 역사를 보면 같은 한국인으로서 마음이 아프다. 그러나 그러한 아픈 강제 이주역사 속에서도 먼 이방 땅에서 풀뿌리처럼 질긴 생명력으로 그 땅에서 한국인의 정체성을 잃지 않고 살아가고 있는 모습을 보면 가슴이 뭉클해진다.

또한 요즘 우리는 주위에서 중국 동포, 즉 조선족들을 쉽게 본다. 조선족은 본래 조선 후기, 혹은 일제 강점기 당시 경제적 이유, 혹은 독립운동 등의 정치적 이유로 현재의 중국 동북삼성 지역에 이주하여 살고 있는 우리의 동족이다. 조선족은 우리 안의 이방인이자 일방적으로 타자화되어 인식되어온 존재들이지만, 이제는 우리 역사를 깊이 돌아보며, 우리 남한 땅에 와있는 조선족 동포들과 현재의 중국 영토로 되어있는 동북삼성(원래는 우리 고구려의 영토로서 한반도 통일 후에 되찾아야 하는 땅) 지역에 살고 있는 우리의 동족들을 내 민족, 내 형제로 함께 가는 민족적 성숙함이 필요하다. 더구나, 자라나는 조선족 2세, 3세들에게는 한국인의 역사와 자긍심을 심어주는 것이 시급하다. 조선족은 통일한국을 이루어 가는데 주역이 되어야 하며, 앞으로 통일한국 이후에 옛 고구려의 영토를 되찾고 웅비해야 할 대한민국의 자랑스러운 한 가족들이다.

고려인과 조선족뿐만 아니라 지금 한국인들은 전 세계에 720여만 명이 흩어져서 저마다의 삶의 자리에서 최선을 다하며 살아가고 있다. 유럽에서, 미주에서, 아프리카에서, 아시아에서, 남미에서, 한국인들은 이제 오대양 육대주 세계 속에서 고난을 딛고 글로벌코리안으로서 웅비하고 있는 것이다.

③ 수출과 세계적인 브랜드의 탄생

한국인의 저력을 보여주는 대표적인 예는 바로 수출 강국, 세계적인 브랜드의 탄생이다. 재벌 기업을 옹호하는 것이 아니다. 요즘 해양 강국의 꿈, 세계적인 브랜드의 위용은 반대로 해운 비리와 탈세, 편법 상속 등으로 얼룩졌다. 위대한 대한민국의 유전자와 맏형을 먼저 일으키고자 한 국가의 호의를 저버린 재벌의 심판은 언젠가는 반드시 국민의 손으로 행해지겠지만 여기서 이야기 하는 것은 바로 대한민국의 위대한 유전자이다.

재벌들은 본인들의 경영 수완으로 이룬 것이라 착각 할 지도 모른다. 물론 재벌 1세대들의 개척정신은 칭찬할 만하다. 하지만 이것은 우리 국민들 고유의 정직함과 성실함, 희생이 아니라면 절대 이룰 수 없었던 일이다. 거기에 수출 주도, 대기업 주도의 정책을 국가가 뒷받침해 준 것이다. 재벌들이 이런 고마움을 잊고 자만해 지다보니 요즘과 같은 사태가 일어난 것이다. 하지만 우리 국민은 이런 우월성을 바탕으로 반드시 개혁으로 경제의 민주화를 이루어 내고 다시 진정한 의미의 수출 강국, 세계적인 브랜드를 만들어 낼 것이라 확신한다.

기업들이 어려울 때 우리 국민들은 집안 구석구석의 금들을 꺼내어 기꺼이 내어 놓았다. 현재 기업들은 어려운 때라며 골목 상권으로 침투해 오고 있고, 사내 유보금을 늘리며 여전히 기업 간 상생이 아닌 하청 기업들에 소위 '갑'질을 하고 있다. 이제는 진정으로 경제의 민주화를 이뤄야 할 때이다. 이제는 기업들이 어려운 국민들이 다시 일어 설 수 있도록 '희생'이 필요한 때이다. 우리 국민들이 그랬던 것처럼.

▨ IT 강국 코리아

다문화, 다언어, 다인종, 다국적인 삶의 형태인 글로벌 노마드 (nomad:유목하는 인간, 한곳에 뿌리 내리지 않고 이동하며 사는 사람 또는 그 습성을 이르는 말)가 앞으로 한국인의 삶의 한 형태가 될 것이다. 이를 가능하게 하는 것은 당연 한국이 IT 강국이기 때문이다. 우리나라는 초고속 인터넷망과 높은 스마트폰 보급률을 자랑하고 있다.

물론 아직 가야 할 길은 멀다. 위에서 언급한 정도로는 IT 강국이라기보다는 IT 소비 강국이라는 표현이 더 어울릴 것이다. 새로운 산업 성장 동력 창출과 소프트웨어 및 콘텐츠가 뒷받침이 되어야 진정 IT 강국이 될 수 있다. 문제는 역시 정치적 리더십이다. 갑자기 또 정치 타령이라고 할 수 있겠지만 실제로 이런 정책은 단기간에 이루어지는 것이 아니기 때문에 정책을 통해 인내심 있게 추진해야 한다. 이런 좋은 콘텐츠 및 소프트웨어를 개발하기 위한 투자와 지원이 절실하다. 물론 여러 기관에서 진흥을 위해 노력하고 있는 것을 안다. 하지만 부족하다.

실제로 일부 견인차가 되는 게임, 드라마 등을 제외하고는 대부분의 콘텐츠 산업이 어렵고 죽어가는 것을 보면 알 수 있다. 열매를 보면 그 나무와 뿌리를 알 수 있다. 건강하고 풍성한 열매를 맺기 위해 소프트웨어와 콘텐츠 분야의 좀 더 공격적인 육성이 필요하다. 하드웨어에서 구축한 IT 강국의 밭에 소프트웨어라는 뿌려진 씨앗들이 잘 자랄 수 있도록 좀 더 잘 가꾸고 관리해야 할 때이다.

우리 대한민국 국민들에게는 이런 부분들을 잘 융합할 창의적인 유전자를 이미 타고 났다. 이런 면에서 이미 프랑스 미래학자 자크 아탈리는 한국 사람들을 향하여 '디지털 노마드'의 삶을 사는 사람들이라는 말을 했다. 몽고의 칭기즈칸이 유목민으로 말을 타고 빠르게 세계를 정복해 갔던 것처럼, 이제 우리 한국 사람들은 날마다 페이스북, 트위터, SNS를 이용해 세계 여러 나라의 사람들과 함께 대화하며 살아간다. 이 모든 것들이 디지털 사회 속에서 이루어진다. 우리 한국인은 이제 디지털 노마드로 지구촌에서 국제사회의 한 일원으로 살아가고 또 리드해 나가고 있다.

5 신한류 | 스포츠 스타들, 드라마, k-pop, 한식, 태권도 열풍

앞서서 우리 한국인은 지구촌에서 국제사회의 한 일원으로 살아가고 리드해 나가고 있다고 했다. 특히 스포츠 스타들이 먼저 두각을 나타냈다. 2002년 세계적인 명장 히딩크가 월드컵에서 4강의 위업을 달성하기 전까지 한국 축구는 아시아에서는 맹주였지만, 유럽이나 남미 팀을 만나면 겁부터 먹는 세계 축구의 변방에 있었다. 그러던 한국 축구에 히딩크의 4강 달성은 자신감을 불어 넣어 주었고, 그 후 박지성 등 해외 무대에 진출한 한국 축구 선수들은 이제 세계의 톱 선수들로 세계의 그라운드를 누비고 있다.

또한 박세리의 LPGA 우승은 어린 골프 선수들에게 점화 장치가 되었다. 박세리 선수가 1998년 스무 살의 나이에 맥도날드 LPGA 챔피언십에서 우승을 한 후, 한국의 수많은 여자 골프선수가 "나와 같은 한국 여자가 세계무대에서 1등을 했다면 나도 할 수 있어" 라는 마음을 가지게 되었다. 그 결과 10년 후에는 한국여자 선수 45명이 LPGA투어 우승컵의 3분의 1을 싹쓸이 했다. 박세리의 우승이 어린 골프 꿈나무들에게는 나도 할 수 있다는 점화장치가 되었던 것이다.

그리고 그 결과 2016년 박세리 감독과 함께 박인비 선수는 브라질 리우 올림픽에서 여자 골프 금메달을 대한민국에 안겨주었다. 박인비 선수는 박세리의 우승으로 꿈을 키운 첫 골프 꿈나무였던 것이다. 이 외에도 박태환의 세계 수영 제패, 야구의 박찬호 선수, 세계 피겨 아이콘이 된 김연아 선수 등 우리에게는 신 한류를 연 세계적인 스포츠 스타들이 있다.

또한 진정한 한류를 이끌고 있다고 하는 드라마를 빼 놓을 수가 없다. '대장금'으로 발족된 드라마 한류는 '태양의 후예'까지 이어오며 신 한류를 이끌고 있다. 드라마에 등장하는 주인공과 제품은 이미 거대 기업이다. 이제 재벌과 대기업이 세계 속 한국을 이끄는 것이 아니라 바로 이들이 주도하는 패러다임으로 이미 바뀌고 있는 것이다. 강남스타일을 비롯해 k-pop 열풍 또한 그렇고, 이런 문화 콘텐츠뿐만 아니라 이젠 한식과 태권도, 기타 한국 여러 스타일로까지 확대되고 있다. 김치, 불고기, 비빔밥은 이미 세계적인 브랜드이다. 점점 한국이 오는 것이 느껴지지 않는가? 진정 한국인의 시대가 오고 있는 것이 느껴질 것이다.

⑥ 정치, 예술 등 각 분야에서 두각을 나타내는 글로벌 코리안들

세계를 리드하는 기구에는 UN, 세계은행, IMF 이렇게 세 개의 큰 기구가 있다. 이 중 우리나라 사람이 두 개 기구의 최고위직을 맡게 되었다. 한국인으로서 자랑스러운 일이 아닐 수 없다. UN사무총장에 반기문 사무총장이 연임한 사실 또한 우리의 자랑이다. 그런데 또 이번에는 미국 오바마 대통령이 세계은행 총재에 김용 다트머스대 총장을 임명함으로써 또 한 번 우리 한국인의 지도력이 국제 사회에서 검증이 된 것이다. 얼마 전 뉴욕에서 열린 한 국제 행사에서 반기문 UN사무총장과 세계은행총재인 김용 두 사람이 단상에 나란히 오르자 클린턴 전 미국 대통령이 "한국 사람이 세계를 지배하고 있다"고 말했다고 한다.

빌 클린턴의 말대로 한국인이 세계를 지배한다고 할 만큼 우리의 국제적 지위는 과거 어느 때보다도 높아 졌다. 또 한국계 프랑스 입양인 출신인 플뢰르 펠르렝[39]은 프랑스 중소기업 혁신, 디지털 장관으로 임명 됐다. 서울에서 태어나 생 후 6개월만에 프랑스에 입양된 그는 파리 정치대학(시앙스포) 국립행정학교(ENA) 등 최고 명문 학교를 졸업 했다. 그가 디지털 장관에 스카우트 된 것이 한국이 IT, 디지털, 스마트폰 분야에서 강국인 것과 무관하다고 볼 수 없다.

또한 현대 세계적인 한국의 예술가 하면 누가 떠오르는가? 필자는 백남준 아티스트가 떠오른다. 한국 출신의 비디오 아티스트로 다양한 매체를 통해 예술에 대한 정의와 표현의 범위를 확대시킨 것은 어쩌면 IT 강국 코리아를 예술적으로 점친 그의 통찰력이 있었던 것은 아닌가 싶다.

⑦ 세계 최우수 허브공항으로 자리 잡은 인천국제공항

인천공항은 하루 10만 명이 들어오고 나가는 대한민국의 관문이요 세계를 향해 나가고 들어오는 문이다. 연 간 3천만 명이 넘는 사람들이 지구촌 168개의 도시의 하늘을 향해 비상을 준비하는 곳이기도 하다. 또한 한 해 250만 톤의 화물이 운송되는 동북아 물류 허브의 중심이기도 하다. 앞으로 송도에서 영종도로 연결된 인천대교에 이어서 영종도에서 신도로, 신도에서 강화도로, 강화도에서 개성으로 도로가 연결되면 북한에서 생산되는 물품들이 세계로 나아가게 되는 통일과 수출의 문이 되기도 할 것이다.

인천공항이 영종도에 들어서게 된 것은 우연한 일이 아니었다. 이미 영종도의 옛 지명인 자연도에 위치한 고려시대의 경정원 역시 오늘날 국빈을 맞이하는 영빈관과 같은 기능을 수행했으니 이 또한 오늘날 대한민국의 관문으로 그 기능을 수행하는 인천국제공항의 역할과 유사하다고 할 수 있겠다.

인천공항이 개항한지 10년이 지났다. 이제 인천공항은 세계에서 가장 우수한 서비스를 제공하는 세계 최고의 공항으로 우뚝 섰다. 그러한 의미에서 인천공항은 우리 대한민국 모두의 공항이기도 하다. 인천국제공항은 대한민국의 자랑이며, 대한민국의 관문이다. 그러기에 개인 기업이나 개인이 운영해서는 안 되며, 인천공항은 자랑스러운 세계의 관문으로 남아 있어야 한다. 인천공항은 우리 대한민국 국민의 위대한 자산임을 잊지 말아야 한다.

8 아리랑은 세계인이 함께 부르는 희망의 노래

아리랑은 왜 우리 민족에게 상징적인 노래가 되었을까? 그리고 아리랑은 왜 세계인들이 함께 부르는 희망의 노래가 되었을까? 아리랑은 우리 민족 가슴깊이 은근과 끈기를 담은 희망의 노래로 우리의 가슴속에 흐르고 있다. 아리랑은 단순한 노래가 아니다. 우리 민족의 특별한 역사적 고난과 이를 극복한 사회적 경험이 배어 있기에 희망과 치유의 노래로 한국인의 정체성을 드러내 준다. 그래서 누구나 아리랑은 한민족의 DNA가 깃든 노래이자 한민족의 상징으로 여긴다.

특히 아리랑은 지난 2012년 유네스코 인류무형문화유산으로 지정 되었다. 아리랑이 우리에게 감동을 준 것처럼 이제는 우리가 주인이 되어 세계인에게 희망과 감동의 의미를 느끼게 해야 할 것이다. 아리랑은 탁식에서 시작되었다. 아리랑은 민족의 아픔인 6.25 전쟁 때 전 세계로 퍼져 나갔다. 아리랑은 한국인에게 일상의 노래가 되었고, 이제는 세계인이 함께 부르는 희망의 노래가 되었다. 아리랑은 분단을 넘어 남과 북이 어우러져 부를 수 있는 노래이기도 하다. 1989년 3월, 1990년 북경 아시안게임에서 남북 단일팀의 단가로 아리랑을 택했다. 이제는 아리랑이 분단을 넘어서 남북이 어우러져 부를 통일의 노래로 인식 되고 있는 것이다.

분단의 골이 깊은 상처에도 불구하고 아리랑은 반세기 넘게 닫혔던 마음을 녹일 수 있는 노래이기도 하다. 머지않아 맞이할 통일의 순간, 아리랑은 우리 민족이 다 함께 부를 통일의 노래 일 것이다. 더불어 아리랑은 민족 동질성 회복을 위해 중요한 노래이다. 전 세계에 흩어져 있는 한민족이 '우리'라고 하는 자긍심을 갖고 세계인과 더불어 벅찬 감격으로 부를 노래이기도 한 것이다.

인간의 위대함은 넘어지지 않는 것이 아니라
넘어질 때마다 일어나는 데에 있다

넬슨 만델라

한국인의
시대가 온다

| 한국인의 시대가 온다

전 세계적으로 한국인의 시대가 올 것이라고 예견한 사람들이 있다. 하지만 우리나라는 그런 예견에도 불구하고 정치와 경제는 물론, 사회 전반에 걸쳐 앓고 있다. 결론부터 말하자면 그것은 성장 통이고 희망은 있다고 생각한다. 세계 근 현대사에 있어 강대국들로부터 지혜를 얻고, 작지만 강한 나라들의 면모를 살피며 대한민국이 나아가야 할 방향을 찾아 볼 수 있다. 한국의 역사 속에서도 근 현대 한국인의 시대가 올 것을 예견하고 준비한 선각자 들이 있었다. 한국인에게는 한국인 특유의 우수성과 세계를 리드할 글로벌 유전자가 있기 때문이다.

이젠 이러한 우수성을 바탕으로 우리는 대한민국이 어떠한 나라가 되어 우리 후손들에게, 그리고 세계에 어떤 나라로 역사 속에 남을 것인가 '선택'해야만 한다. 우리가 미래를 위해 바로 지금 여기서 그림을 그리지 않으면 급변하는 세계의 정세 속에서 대한민국은 방향을 잃고, 도태 될 위기에 처해 있기에 '우리의 선택'이라는 단어를 쓴 것이다.

우리는 그저 지금도 먹고 살기 급급하고, 나 하나 조차 돌보기 어렵다고 하면서 이 골든타임을 놓칠 수도 있다. 이제는 한국이 온다. 한국인의 시대가 온다. 어쩌면 너무나 당연하다고 생각하고, 어쩔 수 없다고 생각하는 이 생각을 각자 스스로 다시 새기고, 함께 새 판을 만들고자 하는 노력이 필요하다. 이 선택만이 세계의 많은 예언자들과 우리나라 선각자들이 예고한대로 우리 대한민국을 세계 속 강대국으로 만들 수 있다.

한때 우리에게 '아메리칸 드림'이라는 말이 유행한 적이 있다. 미국에 가면 무슨 일을 하든 행복하게 잘 살 수 있다는 말이다. 마찬가지로 몽골에가면 '솔롱고스'라는 말이 있다. 무지개의 나라라는 한국을 일컫는 말이다. 즉 몽골판 '대한민국 드림'이다. 대한민국이 총과 칼, 무역, 화패전쟁이 아닌 문화와 하나 되는 글로벌 리더십으로 세계를 이끌게 될 때 비로소 우리가 꿈꾸는 세상을 하나씩 만들어 갈 수 있을 것이다. 그렇다. 이젠 대한민국이 그 중심에 선다는 것이다. 7가지 색의 무지개 나라로 강대국이 되기 위해 우리는 어떤 그림을 그려야 하고, 새겨야 하며, 만들어가야 하는지 이 장에서 다루어 보고자 한다.

⬛ 가정과 기본이 튼튼한 나라

왕이건 농부건 자신의 가정에서 평화를 찾아
낼 수 있는 자가 가장 행복한 자다. - 괴테

어느 순간에서부터인지 기업은 '기본이 튼튼한 기업', 국가는 '원칙이 바로서는 나라'라는 슬로건이 흔해지기 시작했다. 그만큼 대한민국에 기본과 원칙이 점점 자리를 잃고 있다는 반증이 아닐까 한다. 자본주의와 민주주의가 급격히 자리를 잡은 나라의 특징이 있다. 빈부격차가 심하고, 중산층이 무너진다. 기업은 중소기업이 잘 무너진다. 이는 가정은 물론, 사회와 국가의 경제적 위기로 이어지고, 이런 경제적 위기는 가정과 탄탄한 중소기업의 몰락을 가져온다.

이를 세계화 내지는 글로벌 경제 위기라는 경제적 흐름으로 해석할 수도 있다. 닭이 먼저건 달걀이 먼저건 중요한 것은 우리의 가정과 국가의 기본이 방향을 잃고 있다는 것이다. 나는 이 방향에 '생명'이라는 단어를 쓰고 싶다. 다른 말로 하면 '생명 자본주의'라고도 할 수 있겠지만, 그렇게 어려운 용어를 쓰지 않더라도 우리 대한민국이 현재 '인간 존중'이 경시되고, '불로소득'과 '물질 만능주의'에 중독되어 있음을 고백하지 않을 수 없다. 더욱 가난하고, 일제 강점이나 서구화라는 미명하에 나라를 빼앗긴 상황에서도 우리들의 정신은 살아 있었다. 오히려 가정과 나라의 기본이 튼튼했다.

그럼 무엇이 문제일까. 위에서 말한 '생명 경시'와 '불로소득', '물질만능주의'가 만성질환이 된 데에 가장 큰 문제가 있다. 여전히 많은 이들의 자산과 자산 증식 수단으로 '부동산'과 '주식'을 선호한다. 정부는 건설경기와 기반확대 등을 통해 부동산을 포함하여 경기가 호전될 수 있을 것이라고 호도한다. 가계 부채와 자영업자의 부채가 사상 최대이고, 폭발 직전에 있음에도 불구하고 그 탈출구를 찾지 못하고 있는 것이다.

이에 따른 여러 현상으로 전세 가격 폭등과 여전히 프리미엄을 붙여 아파트 신규 분양가를 올리는 소위 '떳다방'이 기승이다. 물론 여기에 금융업은 공모하고 방조했다. 청년은 일자리가 없어 결혼 자체를 꿈꾸지 못한다. 간신히 결혼해도 살 집이 없다. 일자리를 잃어가는 가장은 자살을 선택하고, 급기야 엄마는 사교육비를 벌기 위해 노래방 도우미로 나가는 일도 발생한다. 노년 자살률이 1위이고, 묻지 마 살인이 간담을 서늘하게 한다.

지금 대한민국과 대한민국의 가정은 어디를 향해 가고 있는 것인가? 대한민국이 인간의 존엄성을 최우선시 하는 곳이라면, 이제 더 이상 주택이 사는(buying) 것이 아니라 사는(living) 곳일 것이고, 정부는 막대한 예산을 4대강과 허울만 좋은 창조경제 같은 엉뚱한 곳에 쏟아 붓지 않을 것이며, 사회적 약자나 낙오자가 자살과 같은 극단적인 선택을 하지 않고 재기를 꿈꾸는 나라일 것이다. 안타깝게도 우리는 현재 그렇지 못한 현실에서 살고 있다. 일례로 정부가 단순히 주택 공급량을 확대하면 지금과 같은 주택의 기이한 현상이 사라질까? 절대로 그렇지 않을 것이라고 생각한다. 오히려 임대사업자들의 배만 불리는 격일 것이다. 4대강과 같은 대규모 토목과 건설경기 부양으로 현재 우리는 낙수효과를 잘 누리고 있는가? 창조경제로 기업과 스타트업을 비롯해 젊은이들이 문화 융성을 통해 일어나고 있는가? 여기에 자신 있게 그렇다고 대답하는 사람은 이젠 거의 없을 것이다.

사회적 약자나 사업 실패자들이 다시 용기를 내서 꿈꿀 수 있는 제도가 뒷받침 되고 있지 않는 상황에서 정부는 창조경제를 운운하며 너도나도 '스타트업'을 하라고 부추긴다. 스타트업이 실패하면 재기 할 수 있는 여건은 마련하지 않은 채 그저 손에 총을 들고 무조건 전장으로 뛰어 들라고 한다. 그래도 경험을 비롯해 잃는 것보다 얻는 것이 많을 거라며 어른스러운 이야기인척 한다. '아프니깐 청춘'이라고 한다.

이제 우리는 깨어나야 한다. 이제는 달콤한 일회용 공략에 넘어가지 말자. 진정으로 재벌을 개혁하고, 세금을 효율적으로 운영해 양질의 일자리를 늘리고, 스타트업이던 영세 사업자든 사업자든 실패해도 재기할 수 있는 금융의 바탕을 마련해야 한다. 지금처럼 고리대금업자들이 세상에서 판을 치는 한 대한민국은 영원히 이 고난의 굴레에서 벗어날 수 없다.

이런 국가적 역경에는 고리대금업자들과 더불어 정부와 제1 금융권과 너도나도 주식을 사라고 부추기는 증권가를 포함한 모든 금융업도 일등공신이다. 주식과 부동산 등의 투자와 투기가 아니라 자신이 하는 일에 더욱 최선을 다하고, 그 분야에서 더욱 나은 삶을 위해 투자하는 나라가 되어야 건강한 사회가 된다.

다시 말해 '불로소득'의 나라가 아니고, 인간을 존중하고, 물질 만능주의가 팽배한 이 현실을 시스템적으로 개선해야 나라가 바로 선다. 이는 국가의 정책으로 충분히 해결할 수 있다. 고리 대금업에 규제를 강화하고, 공익보다 이자 장사에 급급한 제 1 금융권도 구조 조정을 해야 한다. 실패한 기업가들이 제기를 할 수 있도록 시스템을 마련하고, 대규모 토목 공사 및 막연한 문화/스포츠 정책에 예산을 낭비하지 않도록 철저히 감시, 계획해야 한다. 이것이 바로 원칙이 바로 서는 나라이고, 국민 개개인의 가정을 지키는 길이다.

물론 어쩌면 정부는 다시 대한민국이 위기에 빠져도 장롱 깊은 곳에 숨겨 놓은 금을 내 놓으며 나라를 살릴 우리 국민을 믿는 구석이라고 생각 할지도 모르겠다. 하지만 지금과 같이 정부에 신뢰가 없는 상황에서도 다시 그런 기적이 일어날지는 의구심이 든다. 그렇다. 우린 정부에 신뢰가 없다.

그 신뢰를 회복하기 위해 정부는 혹독한 노력을 해야 한다. 정부와 달리 국민 개개인은 위대하다. 정치가 삼류이고, 경제가 이류이고, 국민이 일류이다. 얼마 전 평화적인 촛불 민심에서도 잘 보았듯이 우리 한국인은 그런 국민이다. 여러 막대한 공적 자금을 투입해 쓰러져가는 거대 기업들을 살리고, 다시 도산해도 그 모든 것이 주위 하청업체들과 국민들을 위해 어쩔 수 없는 선택이었다고 포장을 해도 믿어주고 인내해왔다. 하지만 이제 이런 낡은 고리를 끊어내야 할 때가 왔다. 이렇게 해도 배가 고프고 저렇게 해도 배가 고프다면 고리를 끊어내며 배가 고픈 것이 낫다. 그러면 차라리 그 악순환의 고리는 끊어질 것이기 때문이다.

물론 우리 모두가 이런 큰일들에 앞장서며 모두가 새로운 시대를 외칠 수는 없다. 그러기에는 정말 우린 당장 오늘의 끼니가 걱정이다. 그래서 대의 민주주의의 나라로 우리는 국회의원을 선출했다. 하지만 대의 민주주의가 제 기능을 못하고 있는 것 또한 현실이다. 그러니 우리는 그저 깨어 있고, 새로운 정치적 리더십이 출연하는 토양이 되도록 스스로 노력하는 길밖에 없다. 나쁜 토양에서 절대 좋은 열매를 맺는 나무가 없고, 좋은 토양에서 나쁜 열매를 맺는 나무가 없다는 것을 잊지 말아야 한다.

주위를 탓하고, 정치를 탓하고, 정부를 탓하기 전에 이젠 우리 스스로가 더욱 변화해야 한다. 우리 스스로 명예 시민운동을 할 수 없다면 이젠 우리는 깨어나 그런 일을 할 수 있는 사람들이 뭉치도록 도우면 된다. 새로운 정치적 리더십이 가정과 기본이 튼튼한 나라를 만들어 가도록 도우면 된다. 바로 선거를 통해서 말이다. 생명과 인간존중을 최우선시 하는 정책을 펴고, 보다 정의로운 사회를 만드는 데 헌신할 새 시대, 새 정권을 만들어 내면 된다. 정부에 대한 신뢰가 회복되면 거기서부터 우리의 가정과 원칙이 중요시되는 풍토가 마련될 것이라 믿어 의심치 않기 때문이다.

강대국 대한민국을 만들어 가는데 있어 제 1원칙은 바로 이런 가정과 기본이 튼튼한 나라가 되도록 그 풍토를 마련하는 것이다. 그 풍토 안에서 마음 놓고 매진 할 일자리를 찾고, 그 일을 통해 가정을 꾸리고, 건강하고 풍요로운 삶을 살 수 있어야 한다.

설사 실패를 했어도 다시 일어나고, 자살률과 이혼율이 가장 낮은 나라가 되는 것에 우리 대한민국의 국력이 첫 번째로 집중되어야 할 것이다. 이제는 그저 세계와 대한민국의 경기가 좋아지면 나아질 것이라는 착각의 늪에서 벗어나자. 절대 그런 일은 없다. 경기가 안 좋아서 가정이 무너지는 것이 아니라, 가정과 원칙이 무너지는 토양에서 모든 시스템이 마비되고, 경기는 더욱 안 좋아지는 것임을 잊지 말자. 이제는 악순환의 고리를 끊을 때이다. 이 악순환의 고리를 첫 번째로 끊어 낼 수 있다면 우리 대한민국이 강대국으로서 세계를 호령하는 때가 멀지 않았다. 정신적, 물질적인 풍요를 누릴 날도 그리 요원한 것은 아니다.

❷ 안전한 나라 대한민국

사람들 대부분은 이 세상에서 자유보다는
안전을 원한다. - 맹켄

백화점 건물이 무너지고, 한강에 놓여 있던 다리가 끊어지는 아픔을 겪었지만 여전히 대한민국의 안전은 변화되지 않았다. 여전히 세월호는 가라앉고, 메르스로 국민 경제가 타격을 받는 등의 인재는 계속되고 있다. 천재지변이 아니다. 정부는 안전에 관한 부처의 조직 개편을 단행하고, 안전 최우선시 정책을 펴겠다고 늘 말하지만 달라지는 것은 아무것도 없다. 달라지는 것처럼 보여도 그때뿐이다. 굳이 앞에서 말한 정치적 리더십을 말하지는 않겠다.

그 정치적 리더십이 제대로 서 있다면 이런 문제는 없었을 것이다. 분명히 정부는 이 모든 것에 예산을 핑계될 것이다. 이제는 우리 스스로 바뀌어야 한다. 앞서서 가정과 원칙이 중시되는 사회 풍토가 되어야 한다는 말을 했다. 정부의 모든 예산 정책이 첫 번째로 그 일에 집중되어야 함을 이야기 한 것이다.

그렇다면 그 다음으로 정부의 모든 예산 정책이 집중되어야 할 것은 무엇인가? 바로 '안전'이다. 아무리 국가가 큰 경쟁력을 쌓아도 '안전'이 무너지면 모든 것이 하루아침에 무너진다. 이제 더 이상 이런 '인재'의 악순환이 반복되는 것을 막기 위해서 대대적인 국가 차원의 안전 점검과 조치가 필수이다. 그리고 그 안전을 보완하고 확보하는 것에 막대한 예산이 투입되어야 한다.

국가를 운영함에 있어 예산을 효율적으로 안배하는 것은 매우 중요하다. 그러나 그 효율성을 운운하는 동안 대한민국의 현재 '안전'은 어디에 있는가? 대한민국이 강대국이 되기 위해서 해야 할 일은 많다. 정치, 경제, 교육, 문화, 복지 등 힘써야 할 곳이 한두 가지가 아니다. 하지만 이 모든 것이 '안전'을 바탕으로 하지 않으면 모두가

'사상누각'에 불과한 것이다. 이를 모르는 이는 없을 것이다. 어린 아이도 안다.

하지만, 알고 있지만 어쩔 수 없다는 그 생각이 지금의 불안한 대한민국을 만들었다고 생각한다. 어쩌면 우리 모두는 공범이다. 이제는 그 어쩔 수 없다는 핑계를 버려야 한다. 다른 모든 것이 조금 늦어질 지라도, 우선 앞서 말한 가정과 원칙이 바로 서는 나라 다음으로 '안전이 바로 서는 나라'를 만드는 데에 정부의 모든 정책과 예산이 최우선적으로 이뤄져야 한다.

소를 잘 팔기 위해서 소를 내다 파는 시장을 개척하고, 시장가는 길을 잘 닦고, 소를 잘 포장하고 몰고 가는 일은 매우 중요하다. 하지만 소가 도망가지 않도록 울타리를 잘 만들어 주고, 그 외양간이 무너지지 않도록 하는 것보다 더 중요한 일은 없음을 잊지 말아야 한다. 소 잃고 외양간을 고치지 말자. 이젠 더 이상.

단순히 국가적 재난에 컨트롤 타워가 부재한 것만이 문제가 아니다. 우리 일상을 들여다보면 안전 불감증의 패해가 한두 가지가 아니다. 여전히 공사 현장에서는 크고 작은 안전사고가 일어나고 있고, 고층 빌딩의 화재 및 승강기 관련 대책은 그저 구색 맞추기이다. 여전히 어린이집이나 학교에서는 위험에 노출되어 있고, 크게 보면 원전 시설까지도 포함하여 안전이 엄격하게 적용 되었다고 보이는 사례는 찾기가 힘들다. 또한 이런 위험은 늘 사회적 약자들에게는 더욱 취약하다. 장애인이나 노약자 보호 시설은 말할 것도 없다.

이젠 안전은 우리 주위의 생활에서 깊숙이 다루어야 할 근본적인 체제의 문제이다. 사는 것이 급급하다고, 국가의 성장과 효율성의 그늘에서 놓쳤던 모든 안전의 문제를 점검해야 할 때이다. 그러면 이런 안전에 대한 정책과 예산의 집중은 언제까지 해야 하는지 물을 수 있다. 물론 안전해질 때까지이다. 그런데 완전한 안전이라는 것은 없다. 어쩌면 늘 부족한 것이다. 그렇기에 완전해 질 때까지가 아니라 국가의 안전 정책에 대한 신뢰가 생길 때까지라고 생각한다. 적어도 국가가 이 안전에 대해 깊이 고려하고 우선시 여긴다는 믿음이 생길 때까지 지속 되어야 할 과제일 것이다.

그리고 안보 또한 안전의 연장선상이라고 생각한다. 국방비를 늘리고, 신형 무기를 더 많이 사서 배치한다고 안보가 튼튼해지는 것이 아니다. 이 안보관 역시 안전 불감증과 패권주의, 물질 만능주의에서 온 폐해다. 보다 지혜를 발휘하여 동맹 체제를 공고히 하고, 대화의 물고를 트는 것이 보다 성숙한 안보와 안전 의식일 것이다.

원전에 있어서도 전력 생산의 효율성을 추구해 왔다면 이젠, 안전을 생각해 엄격히 건설하고, 점차적으로는 줄이고 없애는 방법까지 강구해야 할 것이다. 재생 에너지 방향으로 급격히 선회하며 제도를 마련해야 할 것이다. 이렇게 보면 안전은 우리의 작은 생활에서부터 크게는 원전과 안보까지 매우 큰 범위의 일이다. 그러기에 이제는 국가의 우선 과제로 집중해야 할 큰 어젠다이다. 정부와 입법기관과 사회 전문가와 시민의 합의체로 '안전 테스크포스'를 구성하고 국가의 큰 프로젝트로 추진해야 할 일인 것이다. 이 일이야 말로 국가를 반석위에 올려놓는 시작일 것이다.

③ **인문학과 기초과학이 발달한 나라** | 책 읽는 한국인

우리 모두 목숨을 버릴 각오로 독서하고 공부하자.

조상을 위해, 부모를 위해, 후손을 위해

여기서 일하다가 같이 죽자. - 세종

한 나라가 발전하기 위해서는 그 나라를 지탱하는 사회가 발전을
해야 한다. 그 사회를 발전시키는 것은 바로 개인의 발전이다. 개인
과 사회를 발전시키는 가장 큰 것은 무엇일까를 생각해 보면 결국 그
건 '독서'이다. '책 읽는 문화'인 것이다. 이를 학문과 교육의 측면으
로 보면 '인문학과 기초과학'이 튼튼한 나라로 규정해 보았다.

모든 발전에 있어서 '정신적 성장'이 그 기본이 됨은 당연하다. 필
자는 '정신적 성장'에 있어서 '걷기'를 맹신하는 사람이다. 하지만
이 이야기는 뒤에서 다시 논의하기로 하고, 인문학과 기초과학을 바
탕으로 나라의 발전을 이끄는 정책에 대해 살펴보고자 한다. 그래도
요즘 고무적인 모습들이 보인다. 병영문화 개선 차원에서 군 부대에
도서관이 늘어나고, 어릴 적부터 '인문학' 읽기 열풍이 다시 불며,
정부에서도 기초과학을 튼튼히 위해 예산을 확대하는 모습을 볼
수 있다. 이는 우리 대한민국이 방향을 잘 잡고 있다고 생각한다.

하지만 보다 더욱 강화해야 할 필요성을 느낀다. 모든 입시중심의

기능적, 산업화 교육이 독서와 인문학 중심으로 개편되어야 한다. 그러기 위해 많은 세부 정책들이 만들어지고 예산이 집중되어야 할 것이다. 입시 제도를 바꾸자는 이야기이지 입시를 없애자는 것이 아니다. 물론 책을 많이 읽으면 수능을 잘 본다고들 한다. 하지만 이젠 수능이 아니라 에세이와 토론 중심으로 교육 제도가 바뀌어야 한다. 이를 뒷받침 하는 것이 독서이고, 인문학 교육이다. 여기에 창의적 체험과 건강한 체력 강화가 함께 할 때 비로써 미래의 토양이 변화할 것임은 분명하다.

정부는 또한 기초과학 교육과 연구에 예산의 집중을 해야 할 것이다. 이는 역시 이 분야에 인재가 몰리는 현상을 만들어 낼 것이고, 대한민국 국민의 질적인 생활 변화를 가져올 것은 물론이다. 또한 그 외의 산업 발전을 이끄는 튼튼한 과학적 토양을 만들 것이다. 여기에서 바로 국가의 신 성장 동력이 진정으로 탄생하는 것이다.

어느 때 부터인가 지하철을 타면 책을 읽는 사람들 보다는 스마트폰을 보는 사람들이 많다. 사색보다는 검색을 하는 사람들이 많다. 이런 풍토는 물론 디지털노마드 시대에 자연스러운 모습이기도 하다. 하지만 책 읽는 풍토에 이런 디지털 노마드식 역동성이 융합될 때 대한민국의 미래는 더욱 희망찰 것이다. 아날로그가 바탕이 된 디지털, 즉 디지로그^(이어령)가 대한민국의 우월한 유전자임은 분명하기 때문이다.

그 부분이 바로 우리 대한민국을 강대국으로 만들어줄 위대함이다. 독서와 인문학, 기초과학 등이 결합되지 않은 디지털은 빈껍데 기요 요란한 깡통이다. 소위 콘텐츠로 속이 꽉 찬 개인, 사회, 국가 를 만들어야 하는 중요한 골든타임에 들어와 있음을 자각해야 한다. 바로 지금 여기에서부터 우리 대한민국은 세계 강대국으로 급부상 하는 저력을 쌓는 것임을 알고 실천해야 할 것이다.

또한 언제 어디서든 책 읽는 풍토를 마련해 주어야 한다. 도서관 이 없는 마을 곳곳에 작은 도서관을 만들어 주고, 관공서와 커피숍, 은행과 카페와 같이 일상적으로 늘 들르는 곳에서 책을 접할 수 있 도록 정책적으로 지원을 하고, 군부대에서 더욱 독서를 장려할 수 있도록 제도적 틀을 마련하고, 학교에서도 독서와 토론, 기초 과학 실험 위주로 교육이 진행되도록 정책과 예산을 적극적으로 반영해 야 한다.

이지성은 〈생각하는 인문학〉에서 인문학이 사람을 위대하게 만 든다고 말했다. 서양의 샤를 드골은 "위대해지려고 각오한 사람만이 위인이 될 수 있다"고 했다. 드골의 이 말은 율곡 이이의 "성인이 되 겠다는 뜻을 세우고, 여기서 조금도 물러서지 않아야 한다."고 한말 과 일맥상통한다. 또한 이지성은 우리나라에 인문학 열풍을 몰고 온 책 〈리딩으로 리드하라〉에서 개인, 가문, 나라의 운명을 바꾸는 인 문고전 독서의 힘을 말하고 있다.

세종대왕을 위대하게 만든 것도 인문 독서의 힘이었으며, 다산 정 약용을 위대하게 만든 것도 인문 고전 독서의 힘이었다고 한다. 시카고 대학을 최다 노벨상 배출 자를 배출하는 대학으로 만든 것도 인문 고전 독서의 힘이었다. 정조는 끝도 없이 밀려드는 정무와 당파 싸움 그리고 암살에 시달리면서도 책을 손에서 놓지 않았다고 한다. 그에게 인문고전 독서는 피난처이자 휴식처였다. 피렌체에서 화형 선고를 받았던 단테는 추격자들을 피해 도망을 다니던 와중에도 인문고전을 읽고 글을 썼다. 파스칼은 잠을 이루지 못할 정도로 병약한 상태에서도 인문고전 독서에 몰두 했다고 한다. 노벨평화상을 수상한 슈바이처는 아프리카의 살인적인 더위 속에서도 매일 인문 고전을 읽고 연구 했으며 후일 포로수용소에 수감되었을 때조차 아리스토텔레스의 〈정치학〉을 읽었다고 한다.

다이애나 홍은 〈삶의 뿌리 인문학〉에서 이렇게 말했다.

> 역사에 빛나는 영웅들은 모두 절망의 늪에서 더 큰 세상을 꿈꾸었다. 그들을 휘감는 모진 바람 속에서도 든든한 버팀목이 있었기 때문이다. 어려움 속에서 더 큰 세상을 꿈 꾼 사람들에게는 그들만의 강력한 무기, 삶의 뿌리가 있었기 때문이다. 바로 '독서'이다. 삶의 뿌리가 튼튼했던 역사적 영웅들은 고통의 몸부림을 고전에서 찾았다. 살아남기 위해 책을 읽고, 책을 썼다. 이처럼 세상을 지배하는 0.1퍼센트 천재들의 비결은 인문 독서의 힘에 있었다.

지금 우리 대한민국에 필요한 것은 생각을 깊게 하는 인문고전 독서의 힘으로 돌아가는 길이다. 거기에 대한민국의 창조의 원천이 있다. 조선시대 선비들이 책을 통해 깊이 있는 사상을 남겼듯이 우리 한국인은 다시 인문고전 독서의 힘 속으로 들어가야 할 것이다. 독서 강국이 내일의 세계 속의 강국 코리아를 만들어 줄 것이라고 믿어 의심치 않는다.

④ 세계 최강의 문화 선진국, 체육 강국, 관광 대국

인류의 이 정신을 배양하는 것은 오직 문화이다.
나는 우리나라가 남의 것을 모방하는 나라가 되지 말고,
이러한 높고 새로운 문화의 근원이 되고, 목표가 되고,
모범이 되기를 원한다. - 김구 〈내가 원하는 우리나라〉

위대한 모든 생각은 걷기로부터 나온다. - 니체

앞서서 잠시 우리의 우월한, 아니 위대한 유전성에 대해 이야기를 했다. 우리가 강대국으로서 존경받는 나라가 되고, 정신적 물질적으로 풍요로운 나라가 되는 지름길은 무엇일까. 막대한 국방력으로 미국과 중국마저도 위협 할 수 있는 무력을 갖는 것이 아님은 이미 알고 있다. 아니 그렇게 될 수도 없다. 그럼 세계 교역의 중심으로 무역과 화폐 전쟁의 승자로서 그렇게 될 수 있을까? 현재 많은 강대국들이 그런 착각에 빠져있다. 그런 사이 이미 우리 한류는 어느 때보다도 가장 넓은 영토를 확대해 나가고 있다. 여기에서 우리는 우리의 떡잎을 알아 볼 수 있어야 한다.

그렇다. 우리가 강대국으로 세계를 리드할 수 있는 가장 큰 무기

가 '문화'에 있다. 문화의 힘이 얼마나 강하고 중요한지는 우리가 일제 강점기에 일본의 문화 말살 정책을 통해 이미 경험한 바 있다. 반대로 이야기 하자면 문화만큼 세계를 리드하는 가장 강력하고 중요한 것이 없다. 바로 여기에 우리나라의 경제를 포함한 많은 문제의 탈출구가 있다고 생각한다.

물론 많은 경제적인 이슈들과 사회 복지적인 이슈에 교육 이슈까지 다양한 의제가 있음에도 불구하고 문화 이슈를 우선시 하는 것이 쉽지는 않을 것이다. 하지만 이젠 진정 '인식의 전환'을 가져와야 할 때이다. 문화는 단순히 문화의 기능만을 하지 않는다. 이미 문화는 어느 외교관보다도 외교를 잘하고, 경제적 이득을 가져오고, 게다가 사회통합과 복지의 역할을 해 낼 수 있는 잠재력을 갖고 있다. 그러니 이를 강화하는 것이 돌파구라고 감히 이야기 하는 것이다.

필자는 문화 강대국이 되기 위해 그저 한류에 취하거나 안주하지 않고, 강화하고 보완할 필요가 있다고 강력히 주장한다. 예를 들어 드라마와 게임과 일부 영화와 같은 견인차가 되는 문화 산업은 그 역할을 다하도록 장려하되 그 근원이 되는 출판과 디자인, 음악, 연극, 캐릭터와 애니메이션 등의 산업이 더욱 자생하고 뻗어나갈 수 있는 정책이 시급하다. 여러 진흥원과 기관에서 다양한 정책을 통해 노력하고 있는 것은 알지만 지금의 방식으로는 턱 없이 부족하다. 실효성이 의심되기 때문이다. 더욱 강력한 정책 드라이브와 예산의 집중이 필요하다. 경제와 교육과 복지 다음의 문화가 아니라 문화 우선 정책으로 돌파구를 마련해야 된다는 말이다. 지속 가능한 한류는 이러한 콘텐츠를 포함 모든 분야에서 한국다운 것으로 영감을 주고, 이 영감을 통해 일방적인 것이 아니라 상호간 세계인들과 소통할 때 가능할 것이다. 또한 현재 우리의 언어를 쓰는 같은 민족인 조선족과 고려인들과 함께 한류를 확장해야 한다. 우리들의 동포임에도 너무나 방치되어 있다. 즉 연변과 연해주를 한류의 전진기지로 삼아야 하는 노력 등이 필요하다.

또한 국민 체육을 보건 복지와 융합하여 건강과 체력 향상을 꾀하여야만 한다. 아프면 어떤 문화도 관광도, 심지어 행복에도 감각을 잃어 간다. 이 중 가장 좋은 것이 '걷기'라고 생각한다. 걷기 문화를 만들어서 건강은 물론 정신을 회복해야 한다. 필자가 사업 실패로 우울증과 무기력증에 빠져 있을 때 극복을 하도록 도와준 첫 번째가 바로 '걷기'였다. 걷기를 통해 잃었던 도전과 극복의 정신을 되찾았고, 물론 건강도 되찾은 기억이 있다. "모든 위대한 생각은 걷기로부터 나온다."는 니체의 말이 있다. 걷기보다 더 좋은 운동도 없을 뿐만 아니라 걷기를 통해 대한민국은 다시 정신을 살려야 한다는 말이다. 국토를 종단하고, 한강을 걸으며 제 2의 한강의 기적을 일구어야 한다.

그리고 이런 생활 체육이 근간이 되도록 교육부의 방침이 바뀌어야 한다. 언젠가 필자가 어느 교육감의 선거에서 '지덕체를 체덕지로 체인지'라는 슬로건의 캠페인을 도운 적이 있다. 말 그대로 지덕체 순서의 교육에서 체덕지 순서의 교육으로 바뀌어야 한다는 말이다. 학교에서 어떤 교육보다도 건강을 위한 체육과 체험이 우선 고려하고 배치되야 할 교육이란 말이다. 예체능이 우선이다.

지금의 교육은 산업의 역군이 될 지식을 가르치고, 그 다음으로 인성, 마지막이 바로 '체'인 것이다. 분명 순서가 바뀌었다. 이 순서를 바꾸는 것을 통해 어릴 적부터 공교육에서 건강과 문화, 예술을 습관화 하는 것이 매우 중요하다. 국가는 바로 이런 일을 해야 한다.

또한 대한민국은 훌륭한 관광 자원이 풍부함에도 불구하고, 좀 더 체계적인 컨트롤 타워의 기능을 못하고 있는데 역시 여러 공사와 진흥원들이 노력을 하고 있지만 이젠 획기적인 변화를 가져와야 할 때라고 생각한다. 늘 비슷한 축제로 관광 대국이 될 것이라는 생각은 이제 버려야 한다.

결국 스토리텔링과 역사의식과, 디자인, 창의적인 체험이 결합되어야 진정한 관광 대국이 될 수 있음을 자각하고 많은 연구와 정책이 뒷받침 되어야 한다. 우리나라는 자원 부국이 아니다. 하지만 문화와 관광, 체육에 있어서는 세계 최대의 자원 부국임을 자각하고 개발해야 할 것이다.

이런 골든타임에 큰 게이트가 발생해 심히 우려스럽다. 문화융성을 일으켜야 할 때에 이런 큰 사건으로 중요한 일을 놓치지 않을까 걱정된다. 중요한 시기를 놓칠까 걱정이다. 명명백백히, 그리고 성역 없이 사건을 밝혀내고, 다시 튼튼하게 문화융성에 대한 플랜을 실행하는 고삐를 늦추지 말아야 할 것이다.

또한 환경적인 이유에서 규제를 강화한 지역들이 있다. 이곳에서 단순히 규제를 푸는 방식이 아니라, 관광과 친환경 농산물이 잘 정착할 수 있도록 지원을 하며 입체적으로 접근하는 관광 정책이 필요하다. 그러기 위해서는 근시안적인 정책이 아니라 장기 비전을 가지고 도시 계획을 하는 '도시 디자인'이 시급하다. 여러 전문가들과 연구기관들과 지역 주민, 지자체가 함께 머리를 맞대고 미래 관광형 도시를 만들 수 있는 제도적 틀을 마련해 주는 것도 하나의 대안이다.

그리고 무엇보다도 국가적 큰 게이트로 움츠러든 융성의 정책을 다시 세심하게 계획해야 한다. 비인기 종목의 스포츠 지원도 필요한 일이고, 문화를 중심으로 창조적인 생태계를 구축하는 일도 중요한 일이며, 관광 대국으로 가기 위한 정책적 뒷받침을 세부적으로 수립하는 일도 매우 중요한 일이다. 자칫 불미스러운 일로 이런 일들이 물거품이 되거나 시기를 놓치는 우를 범하지 않기를 바란다.

5 디지털노마드 시대 IT 강국

한국은 지식혁명이
가장 빠르게 일어나는 나라이다. - 자크아탈리

필자는 지금도 한 커피숍에서 노트북 하나로 '한국이 온다'의 탈고를 하고 있다. 공동 집필자도 인천공항에 앉아서 노트북으로 작업을 한다. 이 모든 것이 가능한 것은 바로 '디지털노마드' 시대이기 때문이다. 인터넷과 기기만 있음 어느 곳에서든 시간과 장소에 구애받지 않고 일을 할 수 있는 유목민과 같다는 이야기다.

물론 이런 현상은 세계적인 추세이긴 하지만 특히 대한민국은 무엇보다도 초고속 인터넷 통신망이 잘 구축되어 있고, 스마트폰 보급률이 높다. 그렇지만 IT 강국이라는 말이 무색하게 소프트웨어에 있어서는 아프리카와 비슷한 초보 수준이라고 해도 과언이 아니다. 그러다보니 AI나 IOT와 같은 신 성장 동력의 발전은 더욱 느리다.

우리가 한때 대한민국을 IT강국이라고 외치던 근거가 어디에 있는가? IT가 인터넷을 의미하지는 않는데 말이다. 위에서 말한 하드웨어 구축을 바탕으로 소프트웨어 분야의 발전을 가져와 IT 융합 기술을 바탕으로 도약하는 국가가 IT 강국이다. 그런 면에서 지금은 대한민국이 IT강국이라는 브랜드를 선점하느냐, 아니면 인도와 중국보다도 훨씬 뒤지며 그저 어디서나 인터넷을 할 수 있고, 속도가 빨라 검색과 게임이 자유로운 그저 IT 소비 강국으로 남느냐의 기로에 서있다 할 수 있다.

디지털노마드시대에 대한민국이 IT강국으로 세계를 리드하기 위해서는 지금부터라도 소프트웨어 연구와 개발에 정책과 예산이 집중되어야 한다. 특히 신 성장 동력이 될 수 있는 어플리케이션, IT융합기술, 특히 AI와 IOT 분야에 집중되어야 한다. 미국, 러시아, 중국보다 빨리 우주를 정복하지는 못하더라도 대한민국은 IT 분야에서는 어느 나라보다도 앞서야 한다고 생각한다. 자원이 없는 나라에서 당연한 일이다.

대한민국 국민은 어느 나라 국민보다도 역동적이면서도 적용을 잘한다. 초고속 인터넷 통신망과 스마트폰이라는 하드웨어 기반 하에 정책적으로 개발되는 소프트웨어의 융합이야말로 미래 대한민국의 먹거리이자 세계를 호령하는 강국의 초석이 될 것이다. 또한 소프트웨어는 생활뿐만 아니라 의료, 엔터테인먼트 분야와도 융합하여 진정으로 세계를 이끄는 IT 강국이 되도록 할 것이다. 이 분야야말로 진정 대한민국의 창조경제를 실현할 수 있는 분야임을 명심해야 한다.

이런 분야는 또한 현재 청년들의 일자리 문제와도 직결이 된다. 실업이 큰 문제이고, 특히 청년층 실업이 가장 심각하다. 바로 이 분야에서 청년들의 양질의 창업과 일자리가 가장 많이 나올 수 있다. 청년 실업과 창조적인 경제를 통한 미래 신 성장 동력까지 일석이조의 효과를 거두는 분야가 바로 이 ICT분야이다. 그러기에 바야흐로 4차 산업혁명의 시대인 지금 자원 부국이 아닌 대한민국이 강한 나라가 되기 위한 필요충분조건이라고 감히 이야기 한다.

이 분야를 잘 육성하기 위해 정부는 3가지 정책을 펼쳐야 한다. 첫째는 학생 시절부터 자연스럽게 ICT 분야에서 창조적인 아이디어를 낼 수 있는 수준으로 육성하는 정책이다. 교육의 방향을 잡고, 이 분야 교육 예산을 늘리고, 정규 교육 과정으로 편성하는 일이다. 둘째는 이 분야 청년 창업의 기회를 제도적인 틀 안에서 마련하는 일이다. 그리고 실패 했을 때의 재도전 기회도 시스템화 해야 한다. 이 분야는 특히 이런 실패에 대한 두려움이 없을 때 더욱 창의적으로 성장함을 정부는 인식해야 한다. 그리고 마지막 세 번째로 이런 시도들이 대기업에 빼앗기거나 보호 받지 못하는 것을 막고 잘 안착 될 수 있도록 인큐베이팅 하는 제도를 마련하는 것이다.

ICT 분야의 정책은 단기간에 성과를 내려고 하면 반드시 실패한다. 어느 분야 보다도 인내심이 필요한 분야이다. 그러기 위해서는 장기간의 안목을 보고 기획 할 수 있는 전문가들이 필요하다. 이 또한 정부를 중심으로 여러 전문가들과 함께 끊임없이 토론하며 잘 입안이 되고 실현되기를 바란다. 교육과 더불어 나라를 부강하게 할 백년지 대계임을 인식하고 정부 정책적으로 보다 적극적인 개입이 필요하다.

⑥ 하나 된 통일 코리아

한반도에 그어진 분단의 선은
한국 민족이 반드시 풀어야 할 신이 낸 시험문제이다. - 함석헌

한국이 미국과 중국 사이에서 출구를 못 찾고 방황하는 가장 큰 원인이 어디에 있을까 생각해보자. 미국을 벤치마킹하며 노동력을 바탕으로 급속도로 자본주의를 정착시켰다. 하지만 중국을 비롯해 동남아시아와 비교해 노동 경쟁력은 약화되었고, 급기야 기술 분야까지도 중국에게 잠식당하고 있다. 이미 일본은 전처를 밟았으며 우리 또한 그 전처를 밟고 있다. 엎친 데 덮친 격으로 경기 둔화와 OECD

최하의 출산율로 인해 내수 시장은 이미 길을 잃었다. 여기에 과연 대한민국의 돌파구는 있는 것인가? 필자는 분명히 있다고 생각한다.

답은 너무나 당연하다. 통일을 통해 값싼 북녘 노동력을 확보하고, 7천만 이상의 인구를 통해 내수 시장을 살리는 것이다. '하나 된 통일 코리아'는 이제 소원이 아니라 완수해야 할 사명이 되었다. 대한민국의 유일한 돌파구라고 해도 과언이 아니다. 지금의 골든타임을 놓치면 통일이 된다고 하여도 진정으로 하나라고 이야기를 하지 못할 가능성이 높다. 지분을 요구하는 미국과 여러 자원 및 항만 개발에서 선점을 한 중국, 그리고 주변 강대국들이 먼저 지분을 요구할 것은 뻔하다.

물론 보수와 진보가 나뉘어 통일 방식에 대한 접근이 다른 것도 이해는 되지만 지금은 그런 방법론보다도 준비 없이 통일이 되는 것을 더 걱정해야하고 대비해야 할 때이다. 무엇보다도 통일 코리아의 비전을 세우고, 구체적인 로드맵을 마련해야 한다. 통일세금과 통일 국채 등을 통한 재원마련도 지금부터 논의되어야 한다. 급진적으로 통일이 되고 난 후 하면 너무 늦다. 우왕좌왕하는 사이 앞서 말했듯 다른 주변 강대국들에게 주도권을 빼앗길 가능성이 높기 때문이다.

우리 한반도의 통일임에도 불구하고 어쩔 수 없이 그런 일이 일어나게 놔두어서는 안 된다. 지금부터 통일을 위한 국채를 발행하고, 통일 세에 대한 대대적인 국민적 합의를 도출해야 한다. 대규모 집단 이주에 대한 대책과 합리적이고 공정한 방식으로 북한을 개발하고, 이익을 분배하는 방법 등 대북 정책에 대해서도 좀 더 구체적으로 계획을 세워야 한다.

무엇보다도 하나 된 통일 코리아를 이루기 위해서는 주위 강대국들의 니즈가 맞아 떨어져야 한다. 한반도 통일이 대한민국뿐만 아니라 미국과 중국, 일본과 러시아에도 큰 이득이 있음을 잘 설득해야 하겠다. 그리고 통일 후 한반도를 스위스와 같이 영구 중립국으로 선포하는 것이 통일 코리아의 완성이다. 자체 방어를 위한 일정 주둔 군대는 존재하지만 어느 전쟁에도 개입되지 않는 영구 중립국이며, 지리적 이점을 활용해 주위 금융과 물류의 중심지로 거듭나려는 전략이 필요하다.

지금의 남한은 섬과 같다. 삼면이 바다이고, 북쪽은 막혀 있으니 섬과 같다. 통일이 된다면 반도 국가로의 이점을 활용하되 IT와 낮은 무역 장벽을 활용하여 유라시아를 잇고, 아시아 태평양의 중심 국가로 우뚝 서야 할 것이다. 그런 의미에서 통일은 단순히 대박 차원이 아니라 세계 속 강대국이 되기 위해 반드시 완수해야 할 사명이다.

한반도의 통일은 우리 대한민국만의 문제가 아니라 전 세계의 문제이기도 하다. 한반도는 세계의 마지막 남은 분단국가이며, 한반도의 통일은 세계의 냉전시대를 종식 시키고 세계 평화로 가는 상징이 될 것이기 때문이다. 세계의 패러다임이 급격히 변화하고 있다. 이 골든타임에 대한민국이 브랜드 선점을 해야 한다. 3대 세습 체제로 헐벗고 피폐해진 우리 조국의 반쪽인 북한 동포들의 헐벗은 모습을 떠올려 보면 더욱 우리의 통일이 절실해진다. 대한민국의 통일과 하나 됨은 우리 대한민국만이 아니라 세계 모든 사람들의 염원이다.

통일에 관련한 이야기는 통일의 전문가들이나 이야기 하는 걸로 생각하고 있었다. "나 살기도 힘든데 내가 무슨 통일의 이야기를 하나"하는 생각을 하고 살았던 것이 맞는 말이다. 통일이 되면 세금 등 더욱 어려워질지도 모른다고 두려워 한 것이 사실이다. 그런데 최근 몇 년간 어려운 시기를 보낼 때 도서관에서 만 여권의 책을 볼 기회가 있었다. 그중에 한국 역사와 세계역사에 관련된 책들도 많이 보았는데 우리의 역사 관련 서적을 몇 권 정독해 보면서 한반도의 통일은 이 시대가 요구하는 역사적 과제라는 깨달음과 각성을 얻게 되었다.

재수시절에 읽은 함석헌의 〈뜻으로 본 한국역사〉를 다시 보니 '한반도의 분단은 신이 낸 시험문제'라고 했다. 생각해보니 맞는 말이다. 한반도의 통일문제는 '신이 낸 시험문제'다. 분단시대를 살아가는 모든 한국 사람들은 모두다 힘을 합해서 그 문제를 풀어야 할 시대적 책임이 있다. 분단된 국가의 백성으로 살아가는 한 누구나 분단과 통일 문제에 있어서 자유로울 수 없는 것이다. 그렇기에 한반도 통일에 대한 여덟 가지 원칙을 구상해 보았다.

하나, 준비의 원칙이다. 인간이 할 수 있는 최선을 다하여 통일을 준비하여야 한다. 구체적으로 준비해야 한다. 통일은 말과 구호로만

되지 않는다. 독일 통일의 준비 과정에서 배울 점이 많다. 통일과정과 통일 이후를 철저히 준비해야 한다. 앞서 말한 통일 국채 발행 및 통일세에 대한 계획이 해당되는 일이다.

둘, 연합의 원칙이다. 작은 조각들이 모여서 통일의 큰 그림이 완성된다. 〈이탈리아 통일 3걸전〉에 보면, 이탈리아 통일은 정치지도자인 카부르, 군사지도자인 가리발디, 사상가인 마치니의 연합으로 이루어졌다. 대한민국의 통일도 각계각층의 다양한 의견과 생각들이 모아져서 이루어진다.

셋, 세밀함의 원칙이다. 통일을 이루어 가기 위해서는 작은 부분까지 세밀하게 점검하고 준비해 가야 한다. 특히 문화 부분, 통일 이후 북한 주민들의 마음을 치유할 상담부분이 선행되어야 하고, 외적인 하드웨어를 만들어야 할 정착지, 교통과 항공과 항만, 철도 건설 부분 등의 인프라도 이후 세밀하게 준비해야 한다.

넷, 리더십의 원칙이다. 잘 준비된 사람이 답이다. 독일 통일에는 준비된 지도자 헬무트 콜이 있었다. 미국의 통일을 위해서는 준비된 지도자 링컨이 있었다. 오랜 분열을 겪은 남아공의 흑백문제를 해결하는 데는 로벤섬에서 27년 6개월간 준비된 넬슨 만델라가 있었다. 한반도 최초의 통일을 이룬 신라의 통일은 김춘추와 김유신이 있었기에 가능했다. 이스라엘의 통일을 위해서는 다윗이라는 지도자가 있었다. 한반도 통일을 위해서도 이렇게 준비된 리더십의 사람이 필요하다.

다섯, 희망과 꿈의 원칙이다. 우리는 한반도 통일에 대한 희망과 꿈을 가져야 한다. 다행히 2015년 광복 70주년을 맞이하여 설문조사 한 내용을 보면 국민의 80% 이상이 통일을 희망한다고 했다. 한강의 기적을 대동강의 기적으로 만들어갈 통일대한민국의 꿈을 우리 모두 가져야 한다.

여섯, 용서와 사랑의 원칙이다. 남과 북은 지난 70년간 서로 적대시 하면서 살아왔다. 북한은 공산주의 사상으로 지금도 적화통일을 꿈꾸고 있는 집단이다. 이번에 2015년 8월 남북대치 국면에서도 보았지만, 남과 북이 진정으로 통일되기 위해서는 먼저 마음의 통일부터 이루어져야 한다. 우선 남한의 사람들은 힘들지만 28000여명의 탈북자들을 사랑하고 품으며 살아가는 훈련부터 해야 한다.

일곱, 소명의 원칙이다. 통일은 분단 시대를 살아가고 있는 우리 모두가 풀어야 할 과제이다. 결코 남의 이야기가 아니다. 주변 국가들이 있지만 우리가 주체적으로 풀어야 한다. 남북통일 문제는 우리가 풀어야 할 소명이다.

마지막으로 여덟. 타산지석의 원칙이다. 여러 나라의 교훈에서 통일의 교훈을 배워야 한다. 예멘, 베트남, 독일 등의 나라의 통일 사례 중에서 우리 한반도에 가장 좋은 방안 들을 연구해서 적용해야 한다. 우리가 지향하는 통일은 자유 민주주의 통일의 길이다.

통일 한국의 그날이 가까이 다가오고 있다. 겨울이 가면 반드시 봄이 오듯이, 통일한국의 봄은 반드시 오고야 말 것이다. 독일처럼 통일을 이루고 대한민국은 평화로운 성장으로 세계를 이끌어가는 강대국이 될 것이다.

☑ 한국의 세계평화 리더십

한국·중국·일본 3국이
'상설 평화회의체'를 구성해야 한다. (동양 평화론) – 안중근

대한민국은 마지막 분단국가이다. 이 부분은 너무나 가슴 아픈 현실이다. 하지만 그보다도 더욱 가슴 아픈 현실이 바로 남남 갈등이다. 아직도 우리는 강정마을, 밀양송전탑, 사드배치 등 많은 부분에서 가치관이 갈라져 있음을 확인한다. 이뿐이 아니라 세대 간의 갈등, 계층 간의 갈등은 심화되고 있다. 이런 시기에 우리가 가져야 할 태도는 바로 역사의식이 아닌가 한다. 불과 몇 백 년 전부터 우리나라는 무수히 외침을 받아왔고, 침략한자들이 효과적으로 우리를 다스리는 방법으로 갈등을 조장하고 우리끼리 싸우도록 했다. 우린 이런 사실을 잊지 말아야 한다.

지금은 누구보다도 우리가 화합하고, 상생하며, 통일을 이루고 세계 속에 평화 리더십을 외쳐야 할 때이다. 우리 대한민국은 어느 나라보다도 그럴 자격이 있다. 무수히 많은 외침 속에서도 우리 스스로의 정신을 잃지 않았고, 다른 나라를 먼저 외침한 적이 없는 평화

로운 나라이기 때문이다. 그리고 무엇보다도 통일을 통해 동북아시아의 평화와 번영을 이룩할 수 있는 나라이기 때문이다.

DMZ와 판문점을 세계적인 평화 공원으로 만들고, 제주도와 독도를 평화의 섬으로 만들고, 백두산을 평화의 산으로 만들어야 하는 이유가 바로 여기에 있다. 우리는 세계에 이런 평화 리더십으로 세계에 경종을 울려야 한다. 자본주의와 금융의 허점을 딛고, 경기 폭락과 빈부격차의 모든 것을 뛰어 넘는 평화와 상생의 방법을 제시하는 대한민국, 생각만 해도 너무나 멋지지 않은가? 얼마 전 있었던 촛불 시위를 보라. 전 세계가 감탄했다. 천만이 넘는 시민들이 평화적으로 시위를 하고, 정리 정돈을 잘 하고 간 모습은 대한민국의 명예 혁명이었다.

전 세계의 많은 사람들이 이런 한국의 평화 리더십을 배우기 위해 방문하게 될 것이다. 평화 리더십이란 이런 평화 정책과 브랜딩을 통해 자국의 경제를 살리는 방식이기도 하다. 평화를 위한 MICE, 교육, 관광이 대한민국을 중심으로 운영된다면 우리는 평화 리더십을 통해 평화 속에서 세계 경제의 상생을 제시할 수 있다. 지금부터 이를 위해 특별 조직을 구성하고, 정책수립, 예산의 집행이 필요할 것이다. 진정한 안보는 강한 국방력과 동시에 세계에 평화 리더십을 선포하고 비전을 제시하는 일임을 명심해야 한다. 우리 대한민국은 그런 비전을 충분히 제시할 수 있다.

이 책 〈한국이 온다〉에서 가장 비중을 두고 써온 내용이 리더십이다. 한국의 시대가 온다고 예견한 여러 선각자들을 보았듯이 결국 사람이 답이기 때문이다. 2016년 가을에 대한민국을 발칵 뒤집어 놓은 최순실 게이트와 박근혜 대통령의 리더십이 붕괴된 사건도 결국은 리더십이 한 국가에 얼마나 중요한지를 우리에게 가르쳐주고 있다. 그리고 지금 대한민국 국민들의 마음속에는 "다음번 대한민국 대통령은 어떤 사람이 되어야 할 까?"에 대한 질문으로 가득 차있다.

대한민국 대통령의 조건은 무엇일까? 필자가 생각하는 조건을 여덟 가지로 정리해 보았다.

첫째로, 대한민국 대통령은 스스로 생각하고 판단하고 연설문을 직접 쓸 수 있는 깊은 내공과 분명한 정치철학을 지닌 사람이어야 한다. 링컨은 스스로 쓰고 고치고 썼던 게트스버그 연설로 민주주의의의 기초를 세웠다. 오바마를 미국 대통령으로 세웠던 것도 스스로 작성해서 발표한 연설의 힘이었다. 다시 말해 계속해서 독서하고 공부하는 대통령이었으면 좋겠다. 스스로 쌓은 내공의 힘으로 자신의 철학으로 국민을 힘 있게 이끌고 가는 대통령을 기대한다.

두 번째로, 대한민국 대통령은 분단된 조국을 하나로 통일 할 수 있는 통일에 대한 분명한 비전과 통일코리아에 대한 확신이 있는 사람이어야 한다. 아직도 분단국가로 남아있는 한국에 가장 절박한 과제는 통일이기 때문이다. 통일에 있어 리더십으로 모범을 보여준 독일의 비스마르크나 이태리 통일에 이바지한 마치니, 카부르, 가리발디에게 배울 수 있어야 한다.

세 번째로, 대한민국 대통령은 소통하는 사람이어야 한다. 대통령은 우선 가까이에서 자신을 보좌하는 장관과 참모들과 깊은 의견을 대면하며 소통해야 하고 직접 자신의 소신과 철학을 가지고 챙길 수 있어야 한다. 라운드 테이블에 참모들과 둘러 앉아 인문고전을 같이 읽고 나누기도 하고 자유롭게 브레인스토밍을 하면서 정책을 정리하고 의견을 나누는 그런 생각 있고 여유 있는 대통령의 모습을 보고 싶다. 루즈벨트 대통령이 35회의 라디오담화를 통해서 국민과 소통하면서 대공황의 위기를 극복해 냈듯이 우리의 대통령도 국민들과 공감하고, 소통의 힘을 지닌 사람이어야만 한다. 또한 대통령은 참모뿐만 아니라 국민, 그리고 세계와 소통해야 한다.

네 번째로, 우리가 생각하고 꿈꾸는 대한민국 대통령의 모습은 행복한 대통령의 모습이다. 지금까지 대한민국의 대통령들은 주로 불행하거나 끝이 좋지 않았다. 이제 대한민국의 대통령은 여유 있는 유머와 웃음이 있고, 국민들의 아픔과 삶을 공유하는 사람이어야 한다. 실제로 그러했던 미국의 루즈벨트처럼 행복한 대통령이었으면 한다. 지금 대한민국에 필요한 대통령의 모습은 행복한 대통령의 모습이다.

다섯 번째로, 대한민국 대통령의 조건은 가정이 행복한 대통령이었으면 좋겠다. 대통령은 공인이지만 공무를 마치고 저녁시간에는 가족과 함께 행복한 시간을 갖는 그런 가족과 함께 행복한 대통령이었으면 좋겠다. 물론 관저에서 24시간 국정을 위해 늘 긴장해야 하지만, 그 외에는 한 가장으로서 충실하고 행복한 대통령이어야 한다. 행복한 대통령이야말로 국민들의 행복을 책임질 수 있다.

여섯 번째로, 국민을 진정 주인으로 생각하는 대통령이다. 프랑스에 대혁명이 일어난 때는 "짐은 국가이다"라고 했던 루이14세 때였다. 그 때 일어난 시민혁명으로 프랑스의 권력은 왕 1인 체제에서 국민의 품으로 돌아갔다. 대통령은 국민을 섬기는 공복이다. 국민위에 군림하여 전행을 일삼는 자리가 아니다. 대통령이 국민을 주인으로 바로 인식하고 섬길 때 미국을 만든 조지워싱턴처럼 자신을 내려놓고 겸손하게 국가와 국민을 섬길 수 있다.

일곱째는 인문학적 소양을 지닌 대통령이다. 최순실 국정농단 사태로 보듯이 지금 우리에게 가장 중요한 것은 문화 콘텐츠를 만들어 가는 것인데, 대통령이 충분한 콘텐츠가 부족하니까 문화 사업이 흔들린 것이다. 대한민국의 중심 광화문에 있는 세종대왕처럼 책을 사랑하는 가운데 그 책과 인문학의 힘으로 새롭게 세계를 향해 문화 한류를 이끌어 갈 수 있는 지도자가 다음 대통령이어야 한다.

마지막 여덟 번째는 세계 평화리더십을 갖춘 대통령이다. 대한민국의 다음 대통령은 세계 평화에 기여하는 리더십을 준비한 사람이었으면 좋겠다. 통일 리더십에서도 말했듯이 이제 한국은 통일을 넘어 세계 평화에 기여하는 평화리더십을 발휘해야 할 때가 되었기 때문이다. 1장에서 말한 안중근의사는 이미 동양 평화론을 말했다. 분열의 남아공을 하나 된 화합과 평화의 나라로 만든 넬슨만델라의 평화리더십이 우리 한국의 대통령에게도 필요하다.

2016년 가을에 큰일들을 겪으면서 "다음 대통령은 어떤 사람이었으면 좋을까?" 하고 고민을 시작한 한국의 미래에, 신은 어떤 사람을 준비해 주실지 기대가 된다. 최순실 게이트와 박근혜 대통령의 리더십 붕괴가 전화위복이 되어서 더 튼실한 대통령이 준비되는 계기가 되길 기대해 본다.

8 대한민국 | 근현대사 새로운 강대국의 출현

오직 진심어린 정성으로 하늘아래 우뚝 서라.
그리하면 그대로 말미암아
장래 이 나라와 세계를 구할 수 있게 될 것이다. - 단재 신채호

근현대사를 볼 때 어느 시기가 오면 외부의 빠른 환경에 적응하고 내부적인 경쟁력을 통해 세계 속에서 강대국으로 급 부상해온 나라들이 있다. 그리고 비록 국토는 작지만 강한 나라들도 있다. 현재 미주와 유럽 중심의 시장경제는 아시아로 옮겨오고 있고, 미국과 G2임을 선포하며 급성장을 하는 중국이 강대국으로 일어나려하고 있다. 하지만 필자는 세계 속의 예언자들이 말한 것처럼, 그리고 우리나라의 선각자들이 준비한 것처럼 대한민국이 중국보다도 더 먼저 세계를 호령하는 초강대국이 되리라고 믿는다.

과연 한국이 그럴 수 있을까? 너무 늦은 것은 아닐까? 부정적인 생각이 지배적일 수 있다. 그럴만한 이유가 있다는 것을 안다. 하지

만 앞서 말했듯 지금의 중요한 시기에 한국이 정치적 리더십을 회복하고, 국민들이 갈등과 반목 보다는 화합과 상생으로 돌파구를 마련하겠다는 강한 의지가 있다면 충분히 그렇게 될 수 있다고 생각한다. 방법은 앞서 제시한 것처럼 우선순위에 따라 사회적 합의를 가지고 하나하나 이루어 나가는 것이다. 일종의 '글로벌 코리아, 강대국 비전맵'이라고도 할 수 있다.

안되고 지연되는 이유는 우리가 그런 역량이 없는 것이 아니라 누군가 그 그림을 뚜렷하게 못 그려주는 이유일 것이고, 또 해낼 수 있다는 자신감이 많이 떨어졌기 때문일 것이다. 이럴 때 우리는 1997년 IMF를 슬기롭게 극복한 것처럼, 또 2002년 월드컵 때 세계인을 놀라게 한 것처럼, 얼마 전 천만이 넘는 시민이 평화롭게 촛불 시위를 한 것처럼 다시 한 번 대한민국의 저력을 보여줘야 할 것이다. 지금은 그때처럼 힘을 합쳐야만 한다.

대한민국은 반드시 강대국이 될 조건을 갖추고 있다. 얼마 전 안젤라 더크워스의 화제의 책 그릿(GRIT)에서 성공의 정의는 재능을 바탕으로 위대한 업적을 내는 것이 아니라 '끝 까지 해내는 것'이라고 말하고 있다. 바로 '열정'과 '끈기'를 말하고 있는데, 이것은 바로 대한민국의 피 속에 흐르는 유전자라고 해도 과언이 아니다. 우리는 그것을 한(恨), 은근과 끈기라고 불렀다. 고난의 역사 속에서 그릿(GRIT)으로 우리 국민들은 잘 견디어 냈다.

지금도 여전히 대한민국은 고난 속에 있다. 하지만 이제는 보수건 진보건, 여야를 떠나, 그리고 지역적이건, 성별이건, 세대 간의 갈등을 떠나 화해와 연정과 협력, 그리고 상생이 우선시 되어야 할 때임을 잊지 말아야 할 것이다.

그리고 무엇보다도 이를 이끌 지도자를 잘 선출해야만 한다. 그렇게만 우리가 해 낼 수 있다면 많은 예언자들과 선각자들이 대한민국을 꿈꾼 것처럼 전 세계에 아리랑이 평화의 노래로 연주되고, 세계 평화의 중심에서 초강대국으로 존경받고, 진정으로 리드하는 대한민국으로서 우뚝 설 날이 멀지 않았다고 생각한다. 아니 그렇게 믿는다. 이글을 읽는 독자를 포함하여 우리 자신부터 그렇다는 굳센 믿음을 갖고 함께 만들어 나가기를 기대해 본다.

| 새로운 강대국! 대한민국의 출현을 꿈꾸다

세계가 꿈틀대고 있다. 영국의 블랙시트 이후 시장경제의 아시아화는 더욱 가속화되고 있고, 중국은 급부상하며 점점 강대국으로의 면모를 보이고 있다. 미국은 대선을 마치고 도널드 트럼프 대통령이라는 이변과 함께 새로운 미국 질서를 재건하려 한다. 세계 경찰에서 보호무역을 통해 강대국으로서 재도약이라는 새 국면을 맞이하려 한다. 이제 우리나라도 대선이 얼마 남지 않았다. 세계 경기가 어렵다고 한다. 자본주의와 금융의 한계를 여러 번 맛보았지만 여전히 우리는 그 출구를 찾지 못하고 있다.

이 책을 쓰기 시작한 때는 대한민국이 최순실 게이트와 대통령 탄핵이라는 큰 폭풍을 맞이하기 이전이었다. 이제 우리 대한민국의 미래는 어떻게 되는 것일까. 성장 통이라고는 하지만 여전히 양극화 현상과 여러 난제들로 제자리걸음을 하고 있는 상황에서 과연 우리는 발전하며 강대국으로 급부상 할 수 있을까. 어쩌면 생존이 가능할까라고 묻는 것이 현 상황에 더 어울리는 질문일지도 모르겠다.

다이나믹한 코리아는 불과 몇 년 안에 수십 년에 걸쳐 일어날 법한 사건들을 경험했다. 세월호 사건과 메르스, 사드 배치 문제와 최순실 사건, 대통령 탄핵까지 많은 사건들이 대한민국의 국민들을 허망하게 만들었고, 희망의 불꽃을 사그라뜨렸다. 그리고 천만이 넘는 국민이 광화문에서 촛불을 밝히며 정권도 세대도 아닌 '시대의 교체'를 노래하고 있다. 혁명이다. 새 시대에 대한 갈망이다.

과연 대한민국에 희망이 있을까? 이 책에서 누누이 밝혔지만 내대답은 "분명히 그렇다."이다. 현재 우리의 상황을 직시하고, 세계와 우리나라의 선각자들이 예견하고 준비한 것을 기억하며 희망을 갖는다면 충분히 그럴 수 있다. 포기하지 않는다면 가능한 일이다. 포기하지 않고 희망을 갖기 위한 로드맵을 앞에서 구체적으로 제시했다. 꿈은 꾸는 것이 아니라 품는 것이다. 꾸는 것과 품는 것은 엄연히 다르다. 우리가 비전을 명확히 갖고, 꼼꼼히 준비하며 실천하는 것이 품는 것이다. 우리에겐 열정과 끈기가 있다. 그것이 우리 대한민국의 피에 흐르는 고유의 유전자다.

대한민국은 중국을 비롯해 홍콩과 동남아라는 큰 시장이 있다. 이 시장에서 미국과 일본보다 대한민국은 더욱 호감도가 높고, 한류와 함께 시장 진출에도 자신감을 보이고 있다. 지하자원은 부족할지 몰라도, 풍부한 인적 자원과 한류와 같은 '우수한 문화'라고 하는 큰 무기가 있기 때문이다. 이런 강점들을 바탕으로 대한민국이 준비를 해나가야 한다.

앞서서 세계 경기가 어렵고 급변하고 있다고 했다. 대한민국의 자살률은 해마다 높아지고, 중산층이 붕괴되며 빈부의 격차가 커지고, 저 출산 고령화와 청년 실업률이 높아지는 등 여전히 대한민국은 큰 위기 앞에 놓여있다. 점점 사람들이 정치와 경제, 교육과 문화를 비롯한 사회에서 방황하고 있는 것이 가장 큰 문제이다.

최순실 사태와 대통령 탄핵으로 우리의 방황은 극에 달했다. 국정이 농단을 당했고, 대한민국의 풍부한 인적 자원과 예산이 낭비되었기 때문이다. 또한 대한민국의 큰 무기라는 '한류' 또한 현재와 같은 정책에서는 지속 가능할지 의문이 든다. 다시 말해 이렇게 중요한 시기에 우리는 세계의 흐름 속에서 경쟁력을 잃어가고 있다는 말이다. 여기에서 가장 아쉬운 대목이 '정치적 리더십의 부재'이다.

우리는 앞 3장에서 강대국으로 부상한 대국들의 조건들을 살펴보았다. 강대국들은 좋은 조건보다는 위기에서 기회를 만들어내며 부상했다. 무엇보다도 가장 눈에 띄는 대목은 늘 강대국이 되는 데에는 사상가가 있었다는 것이다. '인물'이 있었다는 말이다. 예를 들어 한때 우리에게도 세종대왕이 있어서 문화 융성의 기틀을 마련한 것을 생각하면 이해가 쉽다.

지금 이 시대에도 그런 큰 인물이 필요하다. 당파와 계보가 아닌 탕평과 화합으로 정치를 이끌고, 상생의 기업 문화를 유도하며, 중산층이 튼튼한 나라로 이끌 지도자가 필요하다. 물론 지금도 늘 지도자들은 본인이 적임자라며 이와 같은 말을 앵무새처럼 반복하곤 한다. 우리에겐 말뿐이 아닌 실천으로 이런 비전을 보여줄 진정한 실천의 리더십이 필요하다.

이런 리더십을 갖춘 사람이 등장해 대한민국을 '가정과 원칙이 바

로 서는 나라'로 만들어야 한다. 그리고 '대한민국 안전 공화국'이라
는 슬로건으로 모든 면에서 안전한 대한민국을 만드는데 헌신해야
하고, 안보도 굳건히 해야 한다. 민생도 중요하고 경제발전도 중요
하다. 하지만 안전하지 않은 나라에서 이 모든 것이 무슨 소용이 있
을까. 아무리 부유하게 되고, 생활에 만족을 하면 무엇 하나? 그러다
가 하루아침에 수학여행을 떠난 자식이 배와 함께 가라앉는다면 다
부질없는 일일 것이다.

 안전한 대한민국이 된다면 그 다음은 '책 읽는 나라'로 만드는 것
이다. 인문학과 기초과학이 발달한 나라가 되는 것은 우리 대한민국
에 강대국 토양을 만드는 일이다. 이 토양에서 우리의 강점인 인적
자원과 문화가 융합하여 융성할 것임은 분명한 일이다. 그리고 이런
인적자원과 문화가 잘 자라나도록 물을 주고 기르는 정책이 다음의
일이다. 생활체육과 보건복지 정책을 통해 건강한 국민이 되도록 예
산을 효율적으로 배분하고, 문화와 관광 자원을 국민 스스로 개발하
고 가꾸어 나가며 행복한 경제적 활동을 할 수 있도록 해야 한다.

필자는 걷기, 특히 '국토종단'과 '한강걷기'를 적극 장려한다. 건강해지고 마음을 열며, 사색하며 걷는 국민의 '정신 회복 운동'이 필요하다. 걷기부터 시작되는 이 '정신의 회복'으로 국민들은 행복을 피부로 체감할 수 있을 것이다. 이런 건강한 문화와 관광, 체육을 아우르며 신 성장 동력인 ICT를 융합하여 IOT를 비롯해 우리의 새로운 미래의 먹거리들을 창조해 내야한다.

그리고 무엇보다도 체계적인 준비를 바탕으로 통일을 이룩해야 한다. 통일은 우리에게 내수시장과 인적자원에 있어서 힘을 보태고 돌파구를 마련해 줄 것이다. 이것이야말로 위기에서 기회로 가는 '신의 한수'이다. 그리고 한빈도를 '영구 중립국' 및 '평화의 빈도'로 선포하고 주변국들과 화합하는 상생의 모델을 제시하여 '평화리더십'으로 더욱 경제와 산업의 발전을 이룩하며 세계를 이끌어 가야 한다.

나는 이런 대한민국을 꿈꾸며 오늘도 대한민국에 영웅이 나타나기를 기다리고 있다. 그 영웅은 이미 우리 앞에 나왔을지도 모르고,

아직 초야에서 준비를 하고 있을 수도 있다. 물론 우리 대한민국 국민 하나하나 모두가 작은 영웅임을 알고 있다. 그리고 이런 작은 영웅들이라는 토양에서 큰 지도력을 갖춘 영웅이 나타날 것임도 알고 있다. 다시 말해 이젠 감나무 밑에서 입을 벌리고 감이 떨어지길 바라는 것이 아니라, 우리 스스로 감을 기르고 따겠다는 '의지'가 더욱 필요한 때라는 것이다.

그러기 위해서 우리가 어떤 희망을 품고 어떻게 나라를 만들어야 할지 작은 구상을 내어 놓았다. 이 '희망의 로드맵'이 부디 대한민국이 강대국이 되어 세계를 호령하는 데에 조금이나마 보탬이 되기를 바란다. 우리의 아리랑이 세계 곳곳에서 울려 퍼지고 세계의 많은 이들에게 영감을 주는 모습을 상상해 보라. 흐뭇하지 아니한가.

끝으로 이 글을 쓰는 동안 묵묵히 곁을 지켜주며 내조를 아끼지 않은 내 보물 1호 아내 김미나에게 감사드린다. 대한민국의 미래를 위한 희망로드맵의 필요성을 절실히 느끼게 해준 나의 소중한 보물 2호 아들 지우에게도 고마움을 느낀다. 함께 한국인의 희망을 노래한 공저자 박성배 목사님과 책이 나올 수 있도록 도와주신 가나북스 관계자 모든 분께 감사 드린다.

  무엇보다도 이 모든 일을 계획하시고, 도구로 써 주신 하느님께 모든 영광을 드린다.

                                              남 상 효

반드시 밀물은 오리라,

그날 나는 바다로 나아가리라

엔드류 카네기에게 희망을 준 글귀 中